España kamikaze

España Kamikaze

Cómo arruinar dos países a base de ladrillo

David Gutiérrez Varona
Ricardo Cebrián Salé

Primera edición: Septiembre de 2023
© Ricardo Cebrián Salé y David Gutiérrez Varona, 2023
«España Kamikaze»

Diseño de cubierta: Ricardo Cebrián Salé
Corrección: Diana Gutiérrez García
Revisión: David Pérez Gustavo
Maquetación: Ricardo Cebrián, Salé

ISBN: 9798859222254

Índice

Los precios de la vivienda no pueden bajar; nunca han bajado; los tipos hipotecarios están muy bajos; el empleo es estable y sigue creciendo; la bolsa está por los suelos; los compradores tienen ahora más renta y por eso compran más. ¿España en 2004? No, Japón en 1990. Desde entonces el precio en Tokio ha caído más de un 65 %. Así que cuidado.

La burbuja inmobiliaria: cómo saber si comprar o vender ahora, por idealista.com (2004)

Prólogo a esta versión

No es habitual escribir este tipo de prólogos para un texto que acaba de ser publicado. Pero han pasado muchos años desde que iniciamos esta aventura, numerosas revisiones tratando de convertir un tema tradicionalmente árido en algo legible y entretenido. Desde que empezamos a escribir este libro, en plena crisis económica, han ocurrido muchas cosas en España, pero ninguna tan grave como la pandemia global provocada por el famoso virus Covid-19, alias coronavirus.

Nuestra primera reacción al comenzar el confinamiento fue la de guardar en un cajón para siempre este libro. Este libro y nuestras colecciones de otras tantas novelas sobre plagas que no habían ocurrido nunca. La sensación de que todo lo aprendido hasta entonces era completamente inútil, de que sobre todo los libros de economía no estaban preparados para esto, era demasiado acuciante y se mezclaba con la impotencia de lo poco que se podía hacer para ayudar. Nos quedamos en casa, miramos las noticias, hicimos donaciones con la esperanza de que lo poco que podíamos aportar ayudase en una situación tan compleja, deseamos lo mejor para nuestros familiares y conocidos y, por supuesto, aplaudimos a los sanitarios.

Después comenzaron las medidas económicas del gobierno y nos dimos cuenta de que este libro seguía siendo necesario. La coalición de PSOE y Podemos, que de por sí era una rareza en la reciente historia de España, se enfrentaba al evento más raro de la reciente historia del mundo. Y, al menos desde el punto de vista económico, lo hizo con las mismas herramientas mentales y administrativas que habría empleado en el año 2007. Como precisamente este libro trata de explicar por qué esa mentalidad fracasó durante la crisis económica, tanto aquí como en Japón, creemos que un mayor conocimiento de estos mecanismos ayudará en futuras crisis. Sobre todo teniendo en cuenta que, mientras editamos estas páginas en marzo de 2023, han caído dos bancos americanos y uno o dos europeos están en tremendos apuros, al mismo tiempo que se indica que los precios globales de la vivienda están disminuyendo a nivel global... [1]

Este libro no pretende ser una descripción de la próxima crisis económica; ya no es solo una cuestión de no ser oportunista, sino que ahora mismo no se sabe a ciencia cierta lo que va a pasar y todavía es imposible un análisis profundo de la situación. De hecho, no hemos cambiado el capítulo final del libro, el dieciocho, que explicaba posibles amenazas futuras para

1 *La compraventa inmobiliaria se contraerá un 15% en 2023 y los precios caerán un 5%*, El Economista, 21 de marzo de 2023

la economía. Estas amenazas no van a materializarse tal y como las pensamos, pero no será mala idea recordar, cuando hayamos dejado atrás el Coronavirus, y la guerra de Ucrania y el que sea el próximo problema del 2023, que aunque hayan pasado muchos años, las cosas no estaban bien desde mucho antes.

Deseamos buena suerte a todos en estos tiempos difíciles y esperamos que encontréis algo de provecho en nuestro trabajo.

Marzo de 2023

Capítulo 1: Presentación

Año 1980. En alguna parte de Japón un hombre está a punto de ganar mucho dinero. Bueno, no ahora, pero en unos años. Takeshi es un joven de 27 años que acaba de casarse, tiene un empleo fijo con una gran empresa (de esas que un japonés sabe que antes desaparecerá el mundo que despedir a un empleado). Y por eso, orgulloso, firma una hipoteca a 50 años. Los precios del suelo llevan subiendo un tiempo y parece que la tendencia es al alza. Las casas del barrio de su madre cada vez las compran más especuladores. Está claro que es el momento de comprar: Ahora o nunca. En unos años puede que sea imposible, y, con los precios subiendo, ¿qué puede fallar?

Takeshi no se imagina que, 20 años después, tras la quiebra de su empresa, y con una hipoteca que le cuesta sudor y lágrimas pagar; alguien, en otro país, en otro mundo, se planteará lo mismo. Se llama Daniel, acaba de terminar la universidad y sus padres le han dicho que ya toca independizarse. Eso sí, le aconsejan que no alquile, aunque nunca haya vivido solo, porque alquilar es tirar el dinero y los precios de los pisos no hacen más que subir. Prefieren ayudarle a comprar una casa. Al fin y al cabo el país va bien y pronto tendrá empleo fijo y con los precios subiendo, ¿qué podría fallar? Daniel contrata una hipoteca a 30 años con sus padres como avalistas…

Ninguno de los dos sabe que en EE.UU, más o menos al mismo tiempo, John también acaba de contratar una hipoteca…

Tan lejos, tan cerca. En ambos extremos de Eurasia y con apenas 20 años de diferencia, dos fenómenos económicos maravillaron al mundo. La economía japonesa (y posteriormente, la española) encontró el secreto para crecer y crecer, construyendo bellos castillos de naipes que, una vez derribados por su propio peso y frágiles cimientos, han dejado tras de sí dolorosas secuelas para sus ciudadanos. Y especialmente, para su juventud.

Como dicen que la experiencia es la mejor forma de aprendizaje, es de desear que esta modesta obra sirva para poner en común (y en lenguaje común, ya que nos ponemos) dos experiencias que a pesar de la lejanía geográfica y las (bien mirado, menores de lo que a priori parecen) diferencias culturales, comparten una génesis y desarrollo muy parecidas.

Es también el relato de dos fascinantes momentos, de aquellos en los que parece que se toca el cielo con las manos, antes de resbalarse de la escalera y darse de morros con el suelo.

Por aquí desfilarán ministros que presumían de que sus acciones producirían justo lo contrario de lo que provocaron, gente que protestaba por el paro cuando eso aún no salía en los medios, exitosos brokers de inversión que con casi 90 años (sobre)viven gracias a un trabajo de reponedor y cajero en turno de madrugada, políticos que consideran un éxito haber gastado cientos de millones para poder ingresar decenas, y hasta amas de casa que controlaban la banca gracias a rituales de brujería. La economía (y la vida) tiene estas cosas. Vamos, que es de esperar que si no es entretenido, al menos dé para unas conocer unas cuantas anécdotas que contar para quedar de enteradillo con los amigos (¿no es esa una razón por la que la gente se compra estas obras?).

El objetivo general de este libro es ver si, a pesar de la distancia en el tiempo, hay una similitud entre las crisis económicas de ambas economías. Y más concretamente, observar hasta qué punto llegan esas similitudes, de forma que se puedan inferir los efectos futuros en la economía española a partir del bien estudiado pasado japonés. Y quién sabe, puede que consigamos que futuras generaciones no traten de surcar los cielos sobre aviones de ladrillo.

No podemos presumir de tocar un tema que no esté ya un tanto reblandecido de puro sobado, pero esperamos que esta mirada, un tanto inédita aún, sirva al lector para ver la tan traída y llevada crisis con otros ojos, los que da la distancia del espacio y el tiempo. Aparte de arrojar un poco de luz en la llamada *japonización* que asola el mundo occidental y de la que tanto hablan los periódicos salmón hoy en día. Dicho lo cual, y sin más preámbulos, es momento de zambullirnos en ese profundo mar que es la economía. Lo que vendría a ser en japonés: **Saa, hajimarimasho!**[2]

---

2 ¡Venga, empecemos!

Capítulo 2: Un poco de economía

Una de las primeras cosas que cualquiera descubrirá si estudia la carrera de económicas es que hay tantas definiciones de economía como longanizas, o, dicho más refinadamente, como autores que hayan intentado definirla. La palabra "economía" procede de la antigüedad, del griego, pero como todo su significado ha ido variando hasta las definiciones actuales.

Etimológicamente, deriva del término griego "οἰκονόμος", palabra a su vez compuesta de los términos "casa" y "administrar". Es decir, economía es administrar una casa, sin más. Y administrar una casa supone tomar decisiones para el bien (o mal) de todos los que habitan en ella.

La segunda cosa que uno descubre es que, contra lo que se podría suponer a priori, los economistas son las personas menos apropiadas del mundo para explicar a otra qué es y cómo funciona su propia especialidad. Hay tantas definiciones, modelos matemáticos, vocabulario inventado y anglicismos que se les olvida

DAVID GUTIÉRREZ VARONA
RICARDO CEBRIÁN SALÉ

explicar los términos más simples en un lenguaje que sea capaz de entender nuestra abuela. Ese problema es aún más acuciante en otros idiomas como el japonés, donde no es tan fácil identificar el origen de un anglicismo y su significado. No mucha gente sabía lo que era una burbuja económica hace 15 años, pero al menos el significado primordial de burbuja es entendible para el común de los mortales, algo que se hincha y explota. Para el japonés corriente en cambio, una palabra como バブル (*baburu*), procedente del inglés "bubble", es un galimatías incomprensible. Pero eso ya es otra historia.

Uno de los pocos momentos en los que se trata de bajar de todo ese vocabulario a un nivel más humano es para expresar cosas ya por todos sabidas a partir de parábolas remanidas que se perpetúan unas a otras. Es fascinante ver cómo el fantasma de Robinson Crusoe sigue persiguiendo las aulas, ese mismo que ya Marx calificó de "robinsonadas dieciochescas" allá por el siglo XIX y que son una simplificación tramposa de la realidad. Pero claro, ¿cómo simplificar si no algo tan complejo? Así durante siglos, y hasta hoy, los estudiantes de económicas han aprendido numerosos ejemplos basados en Robinson y Viernes: Robinson y Viernes cazan, Robinson y Viernes pescan, comercian, fabrican su propia ropa, después construyen un Zara, y acaban convertidos en los nuevos Amancio Ortega.

El gran problema de Robinson, como el de la mayoría de las parábolas, es que el mensaje ya está escogido de antemano. No se trata de simplificar la realidad para explicarla, sino de simplificar la explicación, falseando la realidad. Y sin embargo, Robinson sigue siendo necesario, porque sería absurdo escribir sobre economía sin tratar de explicar un mínimo de qué estamos hablando. Así que aquí también nos encontraremos con ejemplos y simplificaciones, en ocasiones con forma de hombres de la antigüedad, de Lidia, de Siracusa, otras en forma de cestita de la compra... Cualquier cosa que sea necesaria con tal de que sea legible. Como prueba del algodón, estos ejemplos han sido mostrados a diversas personas, mucho antes siquiera de que este libro fuera un proyecto. Han sido siempre explicaciones orales, con ayuda de vasos, monedas y alguna cerveza ocasional. Esperemos que por escrito los resultados sean igual de buenos.

Antes de ello, sin embargo, vamos a terminar de hablar de la economía como ciencia. Haría falta toda una introducción a las ciencias sociales para ver por qué la economía ha encerrado sus conocimientos en una serie de modelos matemáticos difíciles de comprender o de comprobar (hay métodos de comprobación, como la econometría, pero nos encontramos ante economistas capaces de demostrar modelos opuestos a los que demuestran otros, con lo que la demostración se convierte en un absurdo en sí misma[3]). Más tarde explicaremos un poco de la historia de estos modelos, pero siempre con el recelo de que la "ciencia" económica trata de explicar más de lo que puede, y que esta es una de las razones de su "fracaso"[4].

---

3 La discusión sobre los problemas de la escuela económica es mucho más larga que lo que aquí se muestra, por supuesto y no todos los economistas son como los mostramos en este libro. El problema es que la visión dominante corresponde con estas ideas.

4 Decir que la economía ha fracasado es también un error, dado que hay economistas que acertaron de pleno. Ahora bien, como

Por ofrecer un ejemplo tan tonto como cierto: antes de la crisis de 2008 estaban en boga las "expectativas racionales". Las expectativas racionales se incluían en numerosos modelos matemáticos con la idea de que todos los agentes de la economía saben suficiente de economía para que cualquier actuación del estado para resolver una crisis sea totalmente inútil. Porque si todos sabemos cuándo van a subir los impuestos, o bajar los tipos de interés o construir más carreteras, actuaremos en consecuencia y no nos dejaremos engañar tan solo porque haya más obras en nuestra ciudad, ni pensaremos que todo va mejor porque acaban de inaugurar un puente o un aeropuerto...

Una idea bonita, sin duda, pero esta idea es tan absurda como lo sería esta introducción a la economía si las "expectativas racionales" fuesen una realidad. Sé que nuestros padres no conocen el modelo, ni tampoco nuestras abuelas, parejas, ni siquiera los políticos, o los empleados de los bancos, que no sabían qué estaba ocurriendo hasta que fue demasiado tarde…

Los economistas no son físicos. Sus matemáticas son engañosas, y esto es así porque son gente normal, de la que primero saca conclusiones, y después discute sobre las mismas, y aquí sí se separan del resto de la humanidad, las matematizan. Ahí reside el problema de su lógica, que solo sigue sus propias normas y olvida los conceptos filosófico – lógicos más básicos.

Aunque todos tenemos unos conocimientos más o menos rudimentarios, para la mayor parte de la gente la economía es un galimatías. En los últimos años muchos hemos visto a nuestros padres, hermanos, o

---

se ha visto, no eran una mayoría.

incluso a nosotros mismos viendo las noticias de economía sin entender del todo qué estaba sucediendo. Mirando si subía o no el paro, o la inflación, o el precio de las casas, más tarde, el vaivén de la prima de riesgo o los terribles tuits de Trump y su guerra comercial; todo sin entender muy bien el motivo y cuál era nuestra parte en los acontecimientos.

Para muchos, la economía cae del cielo, o de los políticos, como la lluvia o las invasiones bárbaras, sin darse cuenta de que la economía es una suma de actuaciones individuales que crean un todo. Uno de los objetivos de este libro es ese, ayudar a entender por qué aquello que hacemos individualmente afecta a todos, y cómo lo que pensamos entre todos tiene consecuencias colectivas. Ahora bien, que quede bien claro desde el principio que este libro no defiende la excusa de que «hemos vivido por encima de nuestras posibilidades», porque no es cierto. Saber qué es la responsabilidad colectiva no es lo mismo que martirizar al colectivo para reducir sus derechos o justificar recortes sociales. Una vez dicho esto, en alguna parte habría que decir que este libro tampoco es un manifiesto político. Nos encantaría poner la cara de algún político famoso en la portada vestido de japonés, a ver si vendemos un poco más. Pero tampoco es el caso.

Pero volviendo al tema. Empecemos por el principio, por ese famoso hombre primitivo del que hablan muchas filosofías, antes de que existiese el dinero. Antes de que hubiese dinero, todo el comercio era de trueque, un hombre hacía algo y lo intercambiaba por otra cosa según lo que considerase que eran sus necesidades. El problema es que esto llevaba tiempo. Si uno quería intercambiar sus gallinas por pieles, por poner un ejemplo, debía acercarse al mercado o a la casa del peletero y discutir con él en persona, con las gallinas en un cesto, cuántas querría por ellas. La solución que se encontró hace más de 2500 años y hasta el día de hoy, para evitar esta pérdida de tiempo, es el dinero.

¿Y qué es el dinero? Básicamente nada. El dinero no es más que una representación. En lugar de ir al mercado para vender nuestras gallinas justo el día que el peletero va, el dinero nos permite vender las gallinas antes a cualquiera, e ir al mercado otro día con el dinero que nos dio la venta. Dado que el dinero no tiene valor por sí mismo sino como representación, en teoría por la venta de las gallinas recibiremos el dinero necesario para comprar la misma cantidad de pieles que antes.

¿No se entiende muy bien? Veámoslo de otra forma… Esta es la explicación que haríamos en un bar con dos vasos y dos monedas.

Si cada uno de nosotros tenemos un vaso, es obvio que no lo daremos porque sí, exigiremos algo de igual valor por él, es decir, otro vaso. Si en todo el mundo solo hay dos monedas, el precio de cada vaso será de una moneda. ¿Por qué? Porque es la única manera de que siempre intercambies un vaso por otro. Si una persona tiene dos monedas, puede comprar los dos vasos.

Sencillo, ¿no? Pues eso es el dinero, ni más ni menos. No es más que una representación de todo lo que es comerciable, incluyendo nuestro tiempo. Y como es una representación que depende de la realidad que representa, tiene una serie de consecuencias.

Ahora de pronto hay cuatro monedas, ¿seguirá siendo el precio de un vaso una moneda? Obviamente no. Por la misma razón que antes, el precio de un vaso no puede ser una moneda, sobraría dinero. Por lo que el precio de un vaso pasa a ser de dos monedas. Si de pronto hay demasiado dinero, el precio deberá ser mayor o el dinero perdería su función de representación de la realidad. Esto es lo que se conoce como inflación.

Se pueden dar muchas razones para la inflación, pero al final, y en el fondo de muchas de ellas no hay más que lo explicado arriba: el dinero representa la realidad, y lo hace mediante los precios. Cuando hay mucho más dinero que cosas, los precios se ajustan en consecuencia.

El efecto contrario es la deflación: cuando hay un exceso de cosas; por ejemplo, si de pronto no tenemos dos vasos sino cuatro. El precio de los vasos volvería a ser una moneda, es decir, habría bajado.

Este análisis de bar se puede complicar hasta el infinito pero en el fondo siempre permanece la misma idea: el dinero no es real de por sí, sino que representa a la realidad, y solo tiene valor porque en un momento dado de la historia se consideró útil. El valor se encuentra en las personas, las ideas, las cosas que fabrican, las materias primas… etc. Si de pronto, por el motivo que sea, hay demasiado dinero, los precios suben.

¿Un ejemplo real sin vasos ni monedas? En Siracusa, durante la antigüedad clásica, el rey se encontró con una deuda que no podía pagar, así que ordenó recoger todas las monedas de la ciudad y las fundió para crear el doble de ellas. Al día siguiente, pagó su deuda y devolvió el dinero a los ciudadanos. A los pocos días los precios se habían duplicado.

Otro ejemplo más actual, de nuevo para pagar deudas. La Alemania de los años 20 estaba tan endeudada por la Primera Guerra Mundial que como consecuencia se dedicó a imprimir billetes para pagar la deuda. Los precios se dispararon, multiplicándose por 150 en un año, hasta que para comprar una barra de pan era necesaria una carretilla de billetes…

Así que volviendo a este mundo antiguo en el que se acaba de crear el dinero, las transacciones comerciales se pueden ver de la siguiente manera, tal y como lo describe el propio Marx:

Mercancía → Dinero → Mercancía

A su manera, la economía sigue siendo de trueque, con un gran conocimiento de lo que vale realmente aquello que se vende. La mayor parte de los estados de la antigüedad ponían un gran énfasis en el control de los productos reales, ya fuese comida, metal o sal como método de controlar la situación económica. La existencia del dinero permitía la presencia de intermediarios, de comerciantes, pero ni ganaban tanto dinero, ni tenían la reputación de un hombre de negocios actual.

Desde Cicerón hasta los grandes pensadores chinos, podemos encontrar un rechazo al comercio y al dinero, visto como algo peligroso y que nos aleja de aquello que realmente queremos conseguir, de la mercancía, de la comida, que es lo realmente importante. Al fin y al cabo no importa cuánto dinero se tenga si no hay comida que comprar.

En ese mundo, el equilibrio entre la realidad y la ficción que es el dinero era muy diferente al de ahora. Había menos gente, las comunicaciones eran mucho, mucho más lentas, y aunque siempre ha habido prestamistas y el papel moneda y las letras de cambio ya se habían inventado en la Edad Media, no fue hasta la Edad Moderna, y sobre todo hasta la revolución industrial, que el empleo de préstamos y de bancos tomó forma completa. Así, en plena era capitalista, con un mundo completamente monetizado, nos encontramos con una situación en la que la mayor parte de la producción se realiza utilizando dinero prestado. Para montar una empresa, un bar, un negocio de cualquier tipo, lo primero que hace una persona es acudir al banco, pedir dinero prestado y a cambio pagar unos intereses. De nuevo utilizando ejemplos de Marx, la situación sería la siguiente:

Dinero prestado→ Mercancía→ Dinero (pago de intereses+beneficios)

Al pagar intereses al banco, necesitamos que la cantidad de dinero final sea mayor que la inicial para que el negocio sea rentable. Fue así como el mundo entró en una nueva era en la que la mercancía, la realidad, dejó de ser importante y comenzaron a serlo el dinero y el crecimiento perpetuo de los beneficios. Es simple de ver: ahora el dinero aparece dos veces. Si los estados antiguos trataban de controlar la producción, el estado moderno se hizo cargo de los tipos de interés, los impuestos en moneda, dinero, dinero, dinero...

Y así entramos en un problema para el que aún no tenemos solución. A modo de "Retrato de Dorian Grey", de problema confuciano: "¿Qué ocurre cuando la representación y lo representado no coinciden en absoluto?".

La respuesta, de momento, es "nada bueno". En un mundo en el que la representación, el dinero, y sus agentes derivados son más importantes que la realidad; nos encontramos con periodos en los que la realidad y su representación no casan, en que los precios de las mercancías no son espejo de su importancia, su valor real. Pero la realidad es lo que es, y, siempre, siempre, se impone. Y al hacerlo, lo puede hacer de manera más o menos violenta, según cómo de larga haya sido la época en la que la realidad no ha sido correctamente representada. Esto son las famosas burbujas económicas.

Por fin, ya hemos llegado a esa palabra tan famosa en los noticiarios. "Burbuja", "*baburu*". Y probablemente también hemos llegado a ese momento en el que no entendemos tanto como parecía una página antes. El párrafo anterior es completamente abstracto, así que será mejor que hagamos una pausa y concretemos.

Qué es una burbuja

La definición de Kindleberg en su *Palgrave: a dictionary of Economics*, citada por Siegel[5], es la siguiente:

Una burbuja puede ser definida vagamente como una amplia subida de los precios de un activo o grupo de activos en un proceso continuado con la subida inicial generando nuevas subidas y atrayendo a nuevos compradores, generalmente especuladores interesados en los beneficios de la venta del activo más que en su uso o en su capacidad para generar ingresos[6].

5 Dos teóricos, Jeremy Siegel en 2003 y Dimitriadi G.G. en 2004 trataron de resumir las diferentes definiciones existentes. Siegel hace notar la enorme diferencia entre la definición común de qué es una burbuja y la empleada por los economistas en sus investigaciones. Para Dimitriadi, por su parte, las burbujas pueden ser interpretadas de diferentes formas y ninguna definición las recoge todas.

6 Traducción propia.

¿Demasiado difícil? Muy bien, volvamos a los vasos y añadamos elementos nuevos: tenedores, talleres y más gente.

Pongamos un mundo en el que hay cientos de personas y todos ellos saben hacer vasos y tenedores. Hay suficientes vasos para todos, suficientes tenedores para todos y una cantidad de dinero tal que el precio de los vasos y de los tenedores es una moneda.

Pero un día uno de ellos, Don Burbujio, tras vender su vaso y su tenedor, ofrece dos monedas por un vaso. Doña Cristalera no se lo piensa dos veces y se lo vende; "¡es el doble de su precio!", piensa.

Viendo que hacer vasos puede ser más rentable que tenedores, Doña Cristalera decide hacer más. Mientras tanto Don Burbujio, que pretende beneficiarse de lo que ha hecho, trata de vender su vaso por tres monedas. Los demás no entienden por qué deberían pagarle tanto por un vaso, pero Don Burbujio es convincente, y saben de buena tinta que Doña Cristalera se ha puesto a venderlos a dos monedas, así que algo debe estar pasando. Y así poco a poco varias personas imitan a Don Burbujio y a Doña Cristalera.

Cuando hablamos de una burbuja económica, podemos darle muchas definiciones, pero en el fondo la clave no es la especulación, sino la locura colectiva. Don Burbujio puede tener una idea, Doña Cristalera seguirla, pero el verdadero problema llega cuando los demás, obviando la realidad, les siguen el juego. Don Burbujio y Doña Cristalera van en contra de la realidad, y en algún momento la realidad se impondrá.

"Pero, ¿cuál es esa realidad? ¿Que un vaso solo cuesta una moneda?", se preguntará el lector. Casi, la realidad en este caso es que solo necesitamos un vaso para beber. Cuando esa realidad se imponga, habrá mucha gente que tendrá muchos vasos que no sirvan para nada, no importa qué precio tengan. ¿Quién va a querer comprarlos, si ya tienen su vaso, y en nuestro ejemplo todos los vasos son iguales? Y además, si todo el mundo se dedica a hacer vasos, ¿quién hará los tenedores cuando estos se rompan?

Esto a grandes rasgos es lo que pasó en España. No importa el precio de las casas, ni los empleos que se crean al construirlas; la realidad es que no tiene sentido que en un país, y mucho menos en una ciudad, haya un parque de vivienda superior que el total de población que pueda ocuparlas, y que al emplear la mayor parte de los recursos de la economía en la construcción, nos hemos olvidado de producir otras cosas tan necesarias o más que una vivienda. Pero de eso hablaremos más tarde en detalle.

En nuestro ejemplo, Don Burbujio vive en la antigüedad, en el casi trueque. De haber vivido hoy en día, Don Burbujio habría pedido el dinero prestado para comprar su primer vaso a otra entidad a la que llamaremos con malicia CajaBankio. Y CajaBankio le habría prestado dinero a Doña Cristalera para producir más vasos, y a muchos otros para que los compraran.

En el mismo momento en que la realidad se imponga, no solo tendrá Don Burbujio un montón de vasos sin valor, sino que además le deberá dinero a CajaBankio. Y no solo él, sino gran parte de las personas de nuestro ejemplo, con lo que CajaBankio se arruinará. Pero claro, CajaBankio también es quien presta el dinero para producir los tenedores. En este mundo también habría más vasos de los que necesitamos y de nuevo faltarían tenedores, pero con el agravante de que no habría dinero para producirlos de nuevo, ya que en una economía totalmente monetizada, el dinero es lo que hace que se produzca...

Volvamos a los teóricos. Decía Irving Fisher, un economista que estudió el crac del 29[7], que una burbuja no es un problema, siempre y cuando no se financie con deuda. Y tenía razón.

«Pero un momento, un momento», se preguntará el lector, (tal y como hemos visto preguntar tanta gente, especialmente a personas mayores, cuando comenzó la crisis). "¿Adónde ha ido el dinero?" "Alguien ha tenido que obtener beneficios mientras la burbuja estaba allí, ¿o no?"

Para entender la respuesta, tendremos que ver cómo trabaja CajaBankio.

CajaBankio, como su propio nombre indica, es una entidad financiera. CajaBankio guarda el dinero de la gente y luego lo presta a cambio de intereses, eso lo sabemos todos. Pero, ¿cómo funciona realmente?

En nuestro mundo de los vasos, las monedas y los tenedores, tres personas dejan una moneda cada una en CajaBankio para que lo cuide de los ladrones. CajaBankio coge dos de esas monedas y se las deja a Doña Cristalera para que produzca otro vaso.

¿Cuántas monedas, cuánto dinero hay en circulación cuando ponen el dinero en el banco? ¿Las tres monedas que le han dado a CajaBankio? Parece una pregunta trampa. Y efectivamente, lo es.

Al fin y al cabo los clientes de CajaBankio tienen un papel, una libreta o algo que dice que son dueños

7 Irving Fisher, *The debt deflation theory of big depressions*, Econometrica: Journal of the Econometric Society, 1933

de ese dinero, y como es normal, se comportan como si lo tuviesen. Esto es al fin y al cabo lo que hacemos todos, vemos cuánto dinero nos queda en el banco y según eso gastamos más o menos. Al mismo tiempo, CajaBankio tiene un papel que dice que Doña Cristalera le debe dinero, dos monedas exactamente, y puede gastar/prestar ese dinero, poniendo su deuda con Doña Cristalera como garantía.

Así que, de pronto, son siete monedas (o más) en circulación. ¿Por qué? Porque CajaBankio trabaja con representaciones de representaciones, con dinero existente solo sobre el papel. Este sistema se basa en la confianza de que todo saldrá bien. Si Doña Cristalera no paga su deuda, o los tres clientes de CajaBankio exigen su dinero a la vez, no habrá suficientes monedas para cubrir el dinero del papel, y ese dinero que todos pensaban que tenían desaparecerá como papel ficticio que es. La confianza es la clave, y la trampa, del sistema capitalista, porque si una sociedad pone su confianza en algo ficticio, el sistema del dinero de papel hace que el castillo de naipes crezca a niveles demenciales y luego todo el mundo se preguntará adónde ha ido su dinero.

El gran problema del dinero es que la economía de un país, del mundo, es mucho más compleja y difícil de ver que la que podemos representar en un bar. Las distancias son inmensas y es difícil distinguir la realidad de la ficción. Esto produce una serie de efectos. Por un lado que la inflación por lo general no es un efecto tan inmediato y visible como lo fue en Siracusa o en la Alemania de los años 20. Desde que aumenta/disminuye la cantidad de dinero en circulación hasta que suben/bajan los precios pasa un tiempo. Y ese lapso de tiempo crea una de las primeras políticas económicas anticrisis empleadas en la actualidad.

Reducir los tipos de interés equivale a aumentar la cantidad de dinero en circulación, pero los precios tardan un tiempo en ajustarse. Y durante ese tiempo, nosotros, que no somos del todo conscientes del cambio, podemos pensar que somos más ricos. Cualquiera que tenga un préstamo de condiciones no abusivas pagará menos por él; si una persona o empresa necesita financiación, le resultará más barata... Cualquier persona, ya sea en Japón, España o Teuantepec, que piense que es más rico, gastará más.

Y al gastar más, animará a otros a vender, a producir, a contratar gente... Se trata de una política de corto plazo para problemas puntuales, para crisis económicas cortas. No hay que olvidar que llegado a cierto punto la conexión entre la representación que es el dinero y la realidad, los precios, se ajustarán y no habrá diferencia entre que los tipos de interés sean los mismos que antes o no.

La segunda de las políticas económicas anticrisis empleada en la actualidad se basa en el gasto público. Esta idea es en términos históricos relativamente nueva y se le atribuye al economista inglés Keynes, que tras la Gran depresión se dedicó a crear una serie de planes para acabar con el terrible desempleo de la época.

La aplicación práctica más conocida de sus ideas es el New Deal del presidente Roosevelt en los años 30 del pasado siglo.

La idea es sencilla: el estado, con sus inmensos recursos, debería ser capaz de gastar para proveer los trabajos que el mercado laboral ya no es capaz de dar.

Si el estado gasta de forma eficaz, en carreteras, por ejemplo, al asegurar el trabajo a cierta gente, esa gente gastará más dinero y la economía saldrá antes de la crisis.

Esta es una forma pervertida de las ideas de Keynes, una aplicación práctica para salvar baches[8]. Pero es lo que ha quedado en el mundo político de sus teorías. ¿El lado negativo?

Y de nuevo nos encontramos ante una política de corto plazo. El estado puede construir más carreteras, por ejemplo, pero en algún momento esas carreteras se terminarán y entonces tendrá que despedir a los mismos que ha contratado. Si no lo hace, no le quedará más remedio que cobrar nuevos impuestos o pedir dinero prestado.

Pero en el momento que lo haga, el estado no ayudará a crear empleo, sino todo lo contrario, cuando el estado cobra impuestos, la gente, es decir, nosotros, tenemos menos dinero y por tanto gastamos menos. Y si lo hace con deuda, en cambio, el estado pedirá dinero a los mismos que prestan dinero a las empresas, con lo que menos empresas recibirán financiación.

Y por otro lado, al igual que con la primera política, el hecho de que el estado contrate gente no cambia el problema de fondo, la causa del problema. Por lo que si la crisis económica no es puntual, su actuación no será efectiva.

La efectividad de estas políticas depende de si la crisis es de corto o de largo plazo. Causas de las crisis

---

8 Porque en la época de Keynes construir una carretera equivalía a cambiar la vida de toda una región. Hoy en día en la mayor parte de occidente el cambio es mucho menos apreciable.

DAVID GUTIÉRREZ VARONA
RICARDO CEBRIÁN SALÉ

económicas hay tantas como churros, si se permite la expresión. Pueden producirse por burbujas económicas, por decisiones mal tomadas en momentos de euforia, cambios repentinos en los mercados financieros, tormentas, desastres naturales... Sin embargo, todas las crisis se pueden dividir en estos dos grandes bloques: de corto y de largo plazo.

Si la situación que conduce a la crisis es pasajera (como puede ser una serie de malas decisiones en una economía que sin embargo es estable) la crisis es de corto plazo, y se pasará a los pocos años por sí misma. La intervención del gobierno solo hará que la crisis dure menos tiempo y sea menos molesta. Esto, de forma resumida, es lo que son los ciclos económicos.

Si el problema, sin embargo, es un cambio en la realidad (que de pronto se muera de vieja nuestra gallina de los huevos de oro, o en un mundo donde todo funciona con petróleo, que este se vuelva el triple de caro) se desencadena entonces una crisis de largo plazo. Sería un problema de la propia estructura de la economía que por tanto solo puede resolverse mediante cambios en la estructura de la sociedad/economía en su conjunto, hasta crear una nueva realidad más favorable a los intereses colectivos.

A estas alturas cualquiera que sepa de economía se preguntará, ¿y qué pasa con la ley de la oferta y la demanda? Al fin y al cabo es lo primero que se explica a cualquiera que dé un curso de económicas, y es la manera más fácil (y más científica dirían algunos) de explicar todo lo anterior. Gran parte de los modelos económicos, por muy complejos que sean, se han iniciado en la oferta y la demanda, ¿o no?

Pues sí, pero la ley de la oferta y la demanda esconde en su seno una pequeña trampa. Una vez que empleas esa ley y sus derivados para explicar gran cantidad de situaciones, te empiezas a olvidar de lo que hay detrás, de los vasos y monedas, del hecho de que el dinero no es más que una representación, de la realidad.

Es ahora, una vez que hemos conocido bien qué es el dinero, cuando podemos explicar de una vez la oferta y la demanda y concluir esta breve introducción a la economía.

Los orígenes de este concepto datan del siglo XVIII, no del famoso Adam Smith, sino de un autor anterior a él, James Denham Steuart, en su *Estudio de los principios de la economía política*. Su concepto fue ampliado y mejorado durante todo el siglo XIX y llega hasta nuestros días.

Hoy en día todos tenemos un concepto básico de esta idea, pero básicamente lo que dice la ley de la oferta y la demanda es que, en un mercado libre, la oferta de un producto depende del precio. Cuanto mayor sea el precio, más se produce.

Y la demanda lo mismo, solo que en sentido inverso: cuanto menor sea el precio, más se comprará. Esta idea se suele resumir en el siguiente gráfico:

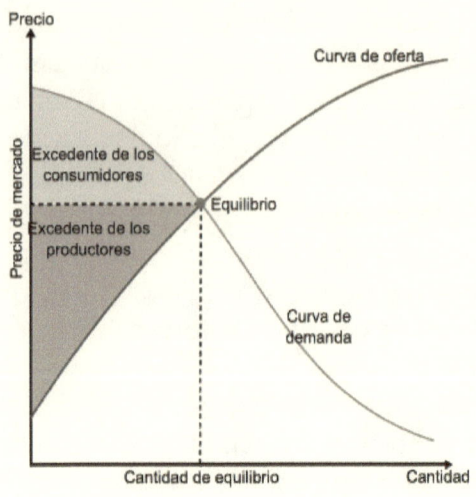

En el gráfico se representa la oferta con una línea ascendente y la demanda con una línea descendente. Ambas líneas se cruzan en un punto y en ese punto estaría el precio de equilibrio. En cierto modo la ley de la oferta y la demanda representa un bazar gigantesco de bisutería en el que un vendedor está regateando con posibles compradores, el vendedor quiere vender lo más caro posible pero sabe que cuanto más caro sea, menos gente vendrá a su tenderete. El vendedor también es consciente de que hay un precio límite, sabe lo que le ha costado comprar su mercancía. Por otro lado el comprador conoce su presupuesto y lo que para él vale la mercancía y regatea en consecuencia. Cuando se llegue a un acuerdo, ése será el precio de equilibrio.

¿Qué ocurriría si alguien impusiera un precio diferente del de equilibrio? ¿Si en nuestro bazar, por imposición divina o por ley, el precio de la bisutería estuviese por debajo del de equilibrio?

Entonces nuestro vendedor se encontrará con que tiene muchos compradores, pero a ese precio no le interesa vender bisutería y habrá muchos compradores que se quedarán sin ella.

Si la imposición fuera la contraria, si el precio fuera muy alto por imposición, el vendedor intentará vender mucha bisutería pero tendrá pocos clientes. Puede que al vendedor le interese igual, pero el resultado seguirá siendo menos clientes y sobrará producto.

La clave es la siguiente: todo mercado tiene un precio de equilibrio y modificar ese precio, por el motivo que sea, puede tener consecuencias, tanto positivas como negativas.

Para llegar a ese precio de equilibrio, en un mundo con millones de compradores y vendedores, interviene la famosa mano invisible de Adam Smith, aquella a la que hay que dejar hacer su trabajo si queremos que el mercado sea eficiente y no haya efectos negativos.

Cualquier cambio en las circunstancias hace que estas curvas cambien de posición. Si a nuestros compradores de pronto les suben el sueldo, de pronto la bisutería tendrá una demanda mayor ya que estarán dispuestos a gastar más dinero. Si les bajan el salario, por el contrario, estarán dispuestos a gastar menos y esto afectará a los precios del regateo.

Igualmente pasará si el vendedor, de pronto, consigue una máquina automática de producir bisutería, o si súbitamente hay una serie de accidentes que acaban con la producción de bisutería.

La ventaja de la ley de la oferta y la demanda es que es sencilla de entender, se puede complicar y ampliar hasta el absurdo y, sobre todo, se puede emplear para cualquier mercado. ¿Queremos hablar de salarios? ¿De las consecuencias de un salario mínimo por ejemplo? Ahí tenemos la ley de la oferta y la demanda.

En teoría, por ejemplo, con un salario mínimo más elevado, habrá más paro. Este análisis se puede emplear para multitud de cosas: tipo de cambio, tipos de interés, etcétera.

¿Qué problema tiene esta forma de ver el mundo? Que no tiene en cuenta más que precios. Por ejemplo, si hablamos del mercado de trabajo, lo que se suele olvidar es que no hay más remedio que ganarse la vida. El salario desde luego influye a la hora de buscar un empleo, pero como bien podemos intuir en un país que llegó a tener más de un 20 % de desempleo, lo importante es tener trabajo, pero no siempre hay. Las consecuencias de esta diferencia de enfoque pueden ser de pequeñas a abismales. Por eso, por ejemplo, se está cuestionando en diversos países del mundo la validez de pensar que aumentar el salario mínimo aumenta el desempleo. La realidad no parece casar bien con la teoría.

Porque una vez que nos metemos en cuestiones de precios, una vez que analizamos los problemas económicos de forma gráfica, tendemos a olvidarnos de la realidad en su conjunto. Así pasó por ejemplo, cuando en 1998 el ministro Arias Salgado afirmó que los precios iban a bajar un 40 % con su nueva ley del suelo. Él solo tuvo en cuenta la oferta y el precio, sin considerar a la sociedad española (por no hablar de todas las circunstancias que vendrían después, no todas previsibles). Y la sociedad española, al contrario que la alemana anterior a la crisis, por ejemplo, tiene una mentalidad de propietarios, de que si al final eres propietario, tu vida y la de tus descendientes será mejor.

Una curiosa anécdota es que se puede distinguir a un español de una persona de otro país en el mismo momento en el que se le pregunta qué haría con una suma importante de dinero. La respuesta más habitual es que se compraría una casa (parece un tópico, pero después de casi una década trabajando en empresas internacionales, es la respuesta más común que hemos obtenido entre los españoles y no entre el resto de personas de otros lares). Al aplicar esa forma de pensar de la sociedad española, era imposible que aquel aumento de la oferta de vivienda disminuyese los precios, porque en el mismo momento en que pareció más fácil comprarse una casa, aumentó la demanda exponencialmente. Y eso que estamos olvidando el incentivo perverso que es la clase política. No hay mejor sitio para la corrupción que una obra y no importa a qué partido votes, todos sabemos que en España a los políticos les encanta robar. En esto Japón no era tan diferente como uno se creía. Como se verá a lo largo de este libro, el gran problema es la disposición humana a verlo todo como inamovible una vez que nos hemos acostumbrado a una situación, lo que equivale a no ser capaces de ver un problema incluso si no es la primera vez en la historia que tal situación se ha producido. Técnicamente esto se conoce como la miopía ante el desastre. En España y en el mundo ya ha habido muchas crisis como la que estaba viviendo España, la de Japón no es más que el ejemplo más cercano, pero muy pocos se preocuparon en evitarlo, a pesar de las claras señales de que se avecinaba el desastre.

¿Un ejemplo claro de miopía ante el desastre? ¿Recuerda el lector la famosa frase de «La vivienda nunca baja»?

Capítulo 3: Brevísima historia de las burbujas

El término burbuja económica es antiguo en sí, proviene del siglo XVIII, de una de las primeras crisis de este tipo producida en el Reino Unido y conocida como la *South Sea Bubble*, en honor a la compañía homónima.

La South Sea Company había adquirido en 1700 el permiso del gobierno británico para hacerse con el comercio en los Mares del Sur, en un tiempo en que el imperio británico contaba con una opulenta burguesía con ansias de invertir. En aquel momento, otras compañías como la East India Company proporcionaban un suculento dividendo a su apenas medio millar de accionistas. La South Sea, sin embargo, no tenía problema en permitir a cualquiera invertir en ella. El negocio parecía redondo y nadie quería perderse la oportunidad.

Su directiva, de hecho, en vista de la lluvia de dinero, decidió invertir en mejorar su imagen pública, sus oficinas, para captar aún más inversores, descuidando al mismo tiempo su negocio y dejando sus mercancías languidecer en puertos. Lo importante era el lujo y la opulencia en Londres, pues el incesante aumento de capital era mucho más lucrativo que el negocio real.

Sin embargo, llegados a cierto punto, y en vista de los raquíticos beneficios de la compañía (culpa de su pésima gestión y de unas expectativas irreales), la propia directiva decidió en verano de 1720 convertir su participación en dinero y vender sus acciones en secreto, con la confianza de que nadie se enteraría. Pero como estos planes siempre salen mal, la noticia corrió como la pólvora. Esto, unido a las dudas sobre la propia compañía, provocaron un torrente de ventas que hizo perder todo el valor de la sociedad, pero dejó (aparte de unos suculentos beneficios para sus fundadores) el término, acuñado por la prensa de la época, "burbuja". Fue escogido por su simple similitud, una pompa de jabón que se hincha y se hincha hasta explotar.

Una definición más estricta de burbuja sufre la complejidad de ver que en economía se emplean muy diversas definiciones para el término, tal y como marcan distintos artículos y disertaciones.

A lo largo de la historia ha habido numerosas burbujas, unas más serias que otras, y sus causas son tan variadas que los economistas no se han podido poner de acuerdo. Un testigo directo de la Gran depresión de 1929 y sus efectos, el ya mencionado Irving Fisher, considera que la causa más común[9] es la aparición de nuevas oportunidades para invertir con grandes retor-

---

9 Aunque nunca llegó a emplear el término burbuja

nos (beneficios) sea gracias al descubrimiento de nuevas tecnologías, tierras o mercados.

Desde los tiempos de Fisher, la investigación de las burbujas ha tenido subidas y bajadas. Con la llegada de la crisis *subprime* volvieron a ponerse en boga, y así Narayana Kocherlakota, de forma matemática y basándose en un modelo de 2008, llega a la conclusión de que, en términos simplificados, los empresarios invierten en aquello que conduce a la burbuja debido a que algún tipo de restricción limita la capacidad de endeudamiento de los empresarios, lo que les "obliga" a invertir en estos activos para continuar realizando su actividad en toda la economía.

¿Son muy diferentes estas explicaciones? Desde un punto de vista lógico no tanto. El estudio de Kocherlakota es puramente matemático, y no establece de dónde proviene la restricción, de la misma forma en que Fisher no podía prever qué nuevos inventos o mercados iban a aparecer en el futuro. Lo que sí está claro es que ambos no existían antes de la aparición de la burbuja. Lo que se produce es un cambio en la situación, que lleva a considerar como muy rentable un activo que antes no lo era tanto o no existía.

Una vez iniciada la burbuja, esta continúa creciendo animada por elementos psicológicos. Estas causas psicológicas animan a casi todos los actores de una sociedad a creer en que la situación producida por la burbuja es normal, o a que ningún desastre puede ocurrir. De esta forma cada vez más gente invertirá en el activo mencionado, pidiendo si es necesario el dinero prestado a unos bancos que también, por causas psicológicas y a pesar de estar mejor informados, no pueden ver la formación de la burbuja.

Las causas psicológicas han sido mencionadas por diversos autores. En 2002 Richard Herring y Susan Wachter hablan de las causas de las burbujas inmobiliarias desde un punto de vista psicológico, poniendo especial énfasis en los bancos "miopes ante los desastres" y en los incentivos perversos.

El factor clave es el hecho de que los desastres no ocurran frecuentemente, o si ocurren no afecten completamente a la estructura, lo que hace que sean olvidables. Y los bancos "miopes" son capaces de obtener mayores beneficios mientras la burbuja exista, lo que desincentiva a los bancos prudentes.

Los incentivos perversos vienen establecidos por el hecho de que los bancos pueden realizar préstamos que normalmente no realizarían, porque no ven ningún riesgo en el hecho de que estos préstamos no se devuelvan. Esto puede ocurrir por dos razones:

El primero es que si el activo de la burbuja es inmobiliario, los bancos suponen que el precio del activo va a seguir subiendo (en parte debido a la "miopía") y que quedarse con el activo una vez impagada la deuda será más rentable que el préstamo en sí. Esto, como muchos ya imaginan, es lo que pasó en las burbujas inmobiliarias de las que vamos a hablar. Al banco no le importaba tanto si se llegaría a pagar la hipoteca, porque sabía que siempre se podía quedar con la casa. A veces, incluso contaba con ello.

El segundo, cuando algún tipo de "red de seguridad" hace considerar a los bancos que en caso de impago el problema vendrá resuelto por sí solo o al menos minimizado. El ejemplo del artículo de Richard Herring y Susan Wachter es bastante descriptivo de lo que ocurriría más tarde:

Un banco sabe que si toma riesgos excesivos por sí mismo y sale perdiendo, se expone a una dura disciplina regulatoria, que puede suponer su desaparición. Pero si sus excesos son realizados en la misma línea que la de los otros bancos, incluso si ocurre un desastre, las consecuencias son mucho más benignas. Las autoridades no pueden hacer desaparecer todos los bancos o disciplinarlos. De hecho, pueden resultar obligadas a reducir el impacto del desastre en los bancos individuales para proteger el sistema bancario.

Animada por los factores psicológicos, la burbuja continuará creciendo, y con ella, tal y como expresaba Narayana Kocherlakota, la economía en su conjunto puede obtener amplias tasas de crecimiento si se centra en ella.

Pero en algún momento, y como es ley de vida, el precio del activo caerá, bien por causas externas, bien porque alcance cotas demasiado altas para poder seguir invirtiéndose en él. Pero ese no es el fin de la burbuja. En ese momento varios inversores aún invertirán con la esperanza de conseguir beneficios en la creencia de que la situación es pasajera y los precios volverán a subir (recuérdese: "el precio de las casas nunca baja").

Es la fase de negación, que a diferencia de su creencia respecto a la burbuja, sí es pasajera de verdad, y tras la cual los precios se hunden definitivamente.

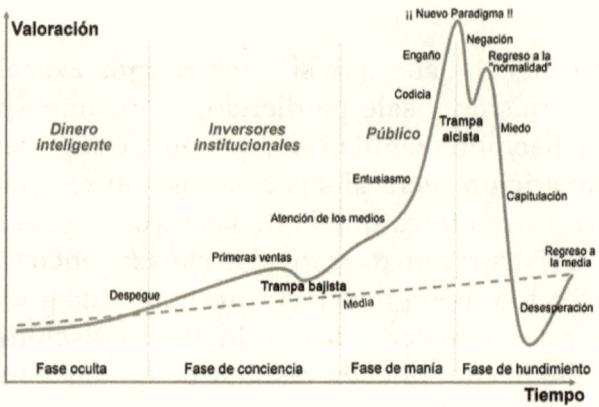

Es la fase de negación, que a diferencia de su creencia respecto a la burbuja, sí es pasajera de verdad, y tras la cual los precios se hunden definitivamente.

Capítulo 4: Japón antes de la burbuja: Endaka no es un arte marcial

El 29 de diciembre de 1989, mientras en Europa la población duerme y en América se prepara para hacerlo, en Japón los mercados financieros hacen historia. El índice Nikkei, que desde los años 50 mide el mercado bursátil nipón, toca su máximo superando los 38 957,44 puntos. Nunca antes el crecimiento de un mercado bursátil había sido tan exponencial. El mercado japonés se había triplicado desde los poco más de 10 000 puntos del año 1985, alcanzando la cota de un tercio de la capitalización bursátil total del planeta.

En este momento para unos Japón se ha convertido en un ejemplo a imitar, para otros como los EE.UU. en una amenaza imparable. Son los 80, la década en la que vemos a los japoneses comprar las empresas más importantes de EE UU en la realidad y en la dramatización de la ficción hollywoodense.

¿Cómo se ha llegado hasta ese punto? Japón, al igual que Alemania, crece exponencialmente desde su derrota en la Segunda Guerra Mundial. Atrás habían quedado los días de la penuria, el sacrificio y la ocupación americana, y con una fuerte intervención del gobierno, se había conseguido no solo levantar de las cenizas un estado en la bancarrota, sino convertirlo en la potencia más dinámica del planeta. Así comienza el milagro económico japonés, con las exportaciones realizadas durante la guerra de Corea a principios de los 50 y gracias a una serie de mejoras (y copias descaradas al principio) de los procesos industriales extranjeros. Dicho crecimiento había sido apoyado y fomentado por el estado, que invertió en una serie de infraestructuras que lo permitieron. Este estado japonés mezcla de paternalista e inversor, recibió el nombre de "estado constructor" o *doken kokka*[10].

Tras un crecimiento imparable en las décadas de los 60 y 70, a principios de los años 80 los países occidentales empiezan a tener miedo al pequeño pero aparentemente imparable gigante asiático, y ese miedo influye con fuerza en una reunión que hoy en día es poco recordada.

Es el 22 de septiembre de 1985 cuando los gobernadores de los bancos centrales de las principales economías mundiales del momento[11] se reúnen frente al Central Park de Nueva York, en el Hotel Plaza. El objetivo del encuentro es solventar la fuerte apreciación del dólar desde hace unos años. La administración norteamericana se ve presionada por las grandes economías exportadoras, ha visto reducida su compe-

---

10 土建国家

11 Noboru Takeshita, Gerhard Stoltenberg, Pierre Bérégovoy, James A. Baker III y Nigel Lawson

titividad y busca también reducir su déficit por cuenta corriente (el balance entre compras y ventas de productos y servicios de la economía de un país, excluidos los financieros), que se ha disparado. Se hace necesaria una intervención para reactivar las exportaciones estadounidenses, amenazadas ante el crecimiento de economías como la alemana y la japonesa, más competitivas en parte por sus menores costes.

En este inicio de otoño de 1985 nos encontramos con una situación novedosa. En orden de restablecer un equilibrio del valor de las divisas, ahora en manos del libre mercado, los bancos centrales deben intervenir coordinadamente. Durante la reunión, Japón, y Alemania, junto al resto de asistentes, acuerdan una intervención conjunta que permite en solo un año apreciar casi un 50 % el valor de sus monedas, a la par que el dólar se deprecia de forma similar.

Por primera vez desde la ruptura del cambio fijo, las principales economías mundiales deciden acordar los tipos de cambio. En el momento de la firma del acuerdo, la economía global se encuentra con la tasa de inflación global más baja en 20 años, y coincide con mínimos en los tipos de interés del crédito. Es el momento de un impulso.

No es casualidad este contexto económico. Catorce años antes, en 1971, Richard Nixon tomó la histórica decisión de cambiar el valor oro establecido de acuerdo a lo firmado en Bretton Woods en 1944. Este sistema fijaba un sistema de cambio de divisas en el cual estas se comparaban al valor del dólar, el cual a su vez adquiría un valor fijo de 35 dólares por onza de oro. Con la decisión unilateral de la administración Nixon, pasó a ser de 38 dólares onza. Este cambio, que permitía a EE.UU. devaluar su moneda, contó con el apoyo a regañadientes del resto de países desarrollados. Por desgracia, la medida resultó insuficiente, de forma que 3 años más tarde, en 1973, EE.UU. volvió a forzar otra devaluación unilateral del 10 %. Tras esto, el 12 de mayo de ese año, ocho economías europeas decidieron abandonar el patrón fijo y dejar a sus monedas fluctuar libremente en el mercado. Antes de esta fecha, Reino Unido, Canadá, Italia, Suiza y Japón ya habían tomado la misma decisión, en vista de la situación.

Fascinantemente, el nuevo marco surgido del Hotel Plaza no aplaca los miedos de occidente. Los japoneses exportan menos, claro, pero con un yen tan alto, comprar en dólares les resulta barato y las empresas japonesas salen al mundo a mantener sus beneficios. Y mientras compran empresas en el extranjero, invierten su dinero en acciones y tierras en Japón.

Pero nos estamos adelantando. Gracias al acuerdo del Hotel Plaza, el yen está demasiado alto: ha comenzado el *endaka* [12]. En menos de un año el dólar pasa de valer 260 a tan solo 130 yenes. Este cambio dobla el precio de las exportaciones japonesas y para evitar el desastre que eso supone, el Banco de Japón toma la decisión de reducir salvajemente los tipos de interés.

El 29 de enero de 1986 realiza la primera reducción desde 1983, de medio punto: del 5 al 4,5 %. Pero el efecto es mínimo y por eso el Banco de Japón vuelve a repetir esta medida apenas 40 días después, el 7 de marzo, dejando los tipos al 4 %. Para el 1 de noviembre habrá bajado dos veces más, quedando en el 3 %. En febrero del 87 seguirá cayendo al 2,5 %. En mayo

---

12 Literalmente: yen alto (円高)

al 2 %... A partir de final de la década volverá a subir moderadamente hasta alcanzar el 4,25 % el día de navidad de 1989, coincidiendo con los techos históricos del Nikkei, justo antes del estallido de la burbuja. Satoshi Sumita, Presidente del Banco de Japón en el momento, asegura que estas medidas tienen como objetivo incrementar la demanda interna, y desde luego logran ese objetivo. Como consecuencia del *endaka*, las exportaciones y el crecimiento del producto interior bruto japonés se detienen a partir de 1986, mientras que el mercado bursátil y la especulación entran en erupción.

Si durante los años 60 el crecimiento del producto interior bruto de la década había sido de un 17,1 % y del Nikkei de un 246 %, y en los 70 un 12,9 % y 283 %, respectivamente, en la década de los 80 el PIB apenas logra crecer un 6,4 %, pero el mercado de valores se multiplica un 574 %, siendo la mayor parte de este crecimiento fruto del estirón entre 1985 y 1989, periodo en el cual el crecimiento del PIB apenas rondó el 5 % anual, frente a las cifras consistentemente por encima del 10 % de décadas pasadas.

La razón es que tras el *endaka*, producir se había vuelto caro, debido al coste de la moneda, y especialmente en un país tan dependiente de las importaciones por su carencia de materias primas. Especular, sin embargo, se había vuelto más barato (y rentable) que nunca.

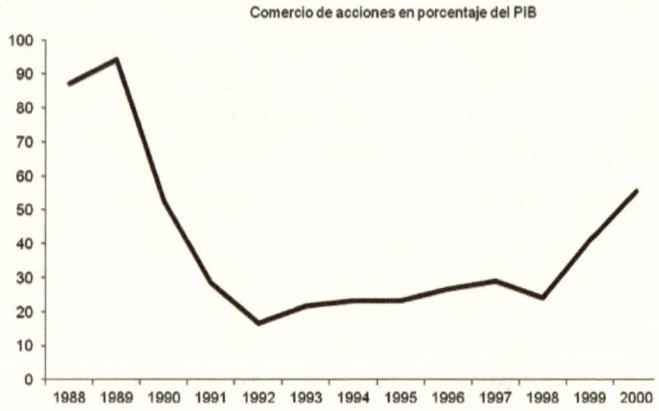

Comercio de acciones en porcentaje del PIB

Si los términos económicos han confundido al lector, diremos por simplificar que la economía japonesa se convierte en una cerveza mal tirada, con más espuma que bebida en el vaso. El crecimiento del mercado de valores supera con mucho el avance de la propia economía nipona. Todo lo anterior, unido a los bajos impuestos, empieza a causar el endeudamiento del país y sus empresas. Aunque por un tiempo el espectacular incremento de la economía hace que pagar los intereses no sea un problema.

Aprovechándose de la coyuntura muchos bancos japoneses usan el mercado de valores para multiplicar sus beneficios. El elevado precio del yen, junto al rápido crecimiento de los mercados financieros y al fácil acceso de las empresas y la administración japonesa al crédito gracias a los bajos tipos de interés permite todo tipo de trucos contables. Entre 1987 y 1990 los bancos japoneses obtuvieron 186 billones de yenes de la banca internacional. Una burrada de dinero con el que financian casi 70 billones de yenes a sus clientes.

De ellos, más de la mitad, cerca de 40 billones, se utilizan para financiar la internacionalización y adquisición de negocios en el extranjero. Japón sale a comprar el mundo, como si este acabara de ponerse a precio de saldo en rebajas.

Irónicamente, los propios analistas japoneses, ya en 1986, advierten de que la economía japonesa real había tocado techo: Nobumitsu Kagami, entonces economista jefe del mayor banco japonés de inversión, Nomura, aseguraba en 1986, en referencia al *endaka* y al descenso de los tipos de interés que «esto está ocurriendo en un momento en el que la economía japonesa ha tocado techo y está en una tendencia de declive». Pero nadie quiere escuchar a agoreros.

El resultado de esta masiva compra de empresas no es parte de esta obra, aunque sí lo bastante gracioso como para merecer una mención: Presa del miedo ante el avance japonés, Francia trató de detener la importación de aparatos de vídeo japoneses, y EE.UU., a través de Hollywood, nos deja un inmenso legado de películas en las que empresas americanas eran compradas por pequeños nipones; desde Robocop hasta la Jungla de Cristal, pasando por la última de su género: Sol Naciente con Sean Connery y Wesley Snipes como protagonistas, estrenada poco después de que la burbuja japonesa estallara.

Pero si espectaculares eran las consecuencias del *endaka* en el extranjero, aún más espectacular fue el incremento del precio de las tierras y por consiguiente del precio de la vivienda en el propio Japón. El precio de los terrenos y las casas estaba por las nubes. Una idea clara de esto lo da la revista "The Economist" del 3 de octubre de 1987. Una sola página de ese ejemplar depositada en tierra no urbanizada en las áreas del centro de Tokio habría valido 1,8 millones de yenes (12 000 $). Ante semejante subida de precios, embajadas como la de la Uganda tuvieron que cerrar y el ayuntamiento de Tokio se vio imposibilitado para construir parques públicos.

En el año 1990 entre las 50 personas más ricas de Japón estaban muchos que simplemente habían vendido sus tierras y el valor del Palacio Imperial de Tokio era superior al de todo el valor del suelo de California o Canadá. La compra de una casa se volvió una epopeya imposible y los bancos comenzaron a dar hipotecas a 100 años, con la condición de tener descendencia. Los bancos tomaban como aval de los suelos y casas los propios solares y viviendas, en la esperanza de su revalorización futura.

De forma poco sorprendente, la especulación con la tierra trajo consigo la corrupción a gran escala. Pocas zonas de Tokio sobrevivieron a la especulación masiva, y los pocos lugares que hoy perviven, como el Golden Gai de Shinjuku, resistieron a los especuladores y los incendios provocados por ellos gracias a la organización de los vecinos que protegió día y noche sus locales y viviendas. Un mísero solar en estas zonas se había convertido en un tesoro de valor estratosférico, una pieza codiciada para políticos y empresarios sin escrúpulos dispuestos a hacer dinero.

Japón era a su manera un país "desarrollista", con una tradición de fuerte inversión en infraestructuras; y con la abundancia de dinero vino el desarrollo de colosales obras, a cada cual más disparatada. Entre estos proyectos destacan una gran cantidad de parques temáticos que tuvieron que ser abandonados, a la sazón de puentes innecesarios, complejos públicos sobredimensionados... El mayor de todos ellos fue la Cúpula Oceánica SeaGaia en Miyazaki, un centro turístico con un hotel con 750 habitaciones que incluía una sala de conferencias para 5 000 asistentes, y la mayor playa cubierta del mundo, con olas artificiales y techo abatible incluidos. Se vendió a pérdidas en 2001 y parte del complejo ha sido reabierto al público en 2016, ya sin la ruinosa playa.

Hay que tener en cuenta que estos bancos japoneses que financiaban las casas y obras públicas eran los mismos que financiaban a las empresas. Por razones históricas el modelo japonés se basaba en bancos que actuaban como ejes de un conglomerado de empresas, pero que se dedicaban a la vez al crédito y banca minorista, al ciudadano. Por lo que en caso de problemas, el banco no podría prestar ni a los unos ni a los otros.

Si ya de por sí ese es un modelo arriesgado, en 1985 la desregularización de los tipos de interés en los depósitos permitió a la banca volverse más competitiva y agresiva en la captación de clientes, a costa de reducir sus fuentes de ingresos tradicionales, lo que les impulsó aún más a engordar sus resultados a través de la especulación en los mercados.

Una técnica utilizada para poder incluir los beneficios de su cartera de valores en sus cuentas y así maquillar sus resultados, por estúpida que suene, consistía en vender las acciones de las que fuesen propietarios, y contar los ingresos por dicha operación en sus beneficios, para inmediatamente volverlas a recomprar.

El problema es que de esta forma debían pagar los impuestos de la venta y al final, aparte de tener los mismos bienes que en el punto de partida, se generaban pérdidas en el flujo de caja, es decir, el dinero real en las arcas del banco.

La banca japonesa y sus peculiaridades

Pero no todo el crédito era entregado por la banca tradicional. Japón, al igual que España, contaba con formas de banca popular de carácter social, los *Shinyō kinko*[13], literalmente, proveedores de crédito, cooperativas de crédito similares a las cajas rurales en España, y los *Sogo ginkou*[14], literalmente bancos recíprocos, similares a las cajas de ahorro. Ambos fueron desarrollados bajo la ley de banca *Sogo* de 1951, aún bajo la ocupación norteamericana. El objetivo era dotar de instrumentos financieros a la recuperación económica japonesa, especialmente para los pequeños ahorradores y empresarios. Todo ello, como suele ser en estos casos, sin ánimo de lucro. Lo cual irónicamente fue una de las causas de los problemas, como veremos más adelante.

Las extintas *Sogo* se definían, como su propio nombre indica, como entidades de ahorro mutuo, en las que se buscaba proteger el ahorro de los clientes. Su misión era asegurar el acceso sencillo, seguro y sin intención de lucro a la banca para ahorradores de pequeño y mediano tamaño, con el objetivo de promover el desarrollo regional de los territorios en que se enclavaban. La legislación original respecto a las *Sogo* era estricta: solo podían prestar a empresas menores

---

13 信用金庫
14 相互銀行

de 300 trabajadores y una capitalización máxima de 100 millones de yenes. Si bien originalmente tenían un escaso peso, a partir de 1960 su crecimiento les hizo ponerse a la altura de otras formas de banca, con sus limitaciones. Si en 1965 apenas sumaban 3,6 billones de yenes, en 1970 ya alcanzaban 7,6 billones, y en 1988 esta cantidad se había disparado a 55,5 billones repartidos entre las 68 entidades de este modelo que existían en ese año.

Este crecimiento exponencial se debe en parte a cambios legislativos que las equiparan más y más con la banca tradicional. En 1968 el gobierno aprobó una legislación de simplificación bancaria que las aleja de su propósito inicial, seguida de otra reforma adicional en 1981 que les permitió dedicarse a actividades de banca tradicional. Finalmente, en 1989 una nueva legislación acaba equiparándolas con los bancos tradicionales, forzando su reconversión en bancos regionales[15], asociados en la segunda asociación de bancos regionales, que opera independientemente de la asociación de bancos regionales de Japón. A marzo de 2012 aún persistían 42.

Las sociedades de crédito, por su parte, nacidas igualmente de una legislación ex-profeso aprobada en 1951, se organizan como cooperativas de crédito sin ánimo de lucro. Sus miembros originales eran pequeñas y medianas empresas con una capitalización inferior a 900 millones de yenes[16], frente a los 100 mi-

---

15 第二地方銀行協会, *daini chihou ginkou kyokai, abreviado dainichiginkyo*

16 A pesar de que es una asunción no del todo correcta, lo mejor será que el lector piense en el yen como una peseta fuerte. En el año 2019,

llones de las *Sogo*. A fecha de 2011 subsistían 271 de estas entidades, distribuidas por todas las localidades del país, y agrupadas con un portal común en Internet para su búsqueda. Aún profundamente vinculadas a sus territorios, su eslogan común es un explícito: «viviendo con esta ciudad»[17].

A estos tipos de entidades hay que añadir una que, aun no siendo un banco, tenía un enorme peso en el crédito japonés: la corporación de adquisición de vivienda pública, actualmente denominada *Jyutaku kinyuu shien kikō*, literalmente: "mecanismo de apoyo al crédito para vivienda"[18]. Se trata de un organismo público que permite adquirir viviendas con créditos subvencionados, creada en 1950 con el objetivo de permitir a la población acceder a una vivienda y en general mejorar las condiciones de habitabilidad de los hogares nipones tras la II Guerra Mundial.

Nacida como un organismo independiente, bajo la supervisión conjunta del ministerio de Tierra, Infraestructuras y Transportes y del ministerio de Finanzas, en total ha ayudado a financiar la elevada cifra de un tercio de las viviendas construidas en Japón desde su fundación. Su actual estructura jurídica y nombre datan de abril de 2007, cuando fue refundada heredando toda la actividad y obligaciones de su anterior encarnación, así como haciéndose cargo de los clientes existentes, pero con el propósito de acabar con este tipo de alquiler. La razón fue aliviar su coste a las arcas del estado, tras la privatización del banco postal (la que era

---

1 € equivale a unos 118 ¥ y un euro equivalía a 116 pesetas.
17 この街と生きていく Kono machi to ikite iku
18 住宅金融支援機構

la mayor entidad financiera al consumidor del país), a través de la cual el estado financiaba sus operaciones. Su modelo de negocio, tras esta transformación, ha variado de ofrecer créditos directamente a ser un intermediario entre las entidades bancarias y los clientes. En la época que nos ocupa, su actividad se basaba en ofrecer créditos a interés fijo y asequible, subvencionados con fondos públicos. El periodo máximo de repago era de 35 años, sin variación del interés durante ese periodo, el cual solía estar alrededor de un 5 %, (variaba siendo inferior los primeros años desde la concesión y luego experimentando ligeras subidas prefijadas de antemano). Contaba asimismo con descuentos especiales para ancianos y discapacitados, a los que también se les incluía en el crédito el acceso a equipamientos necesarios para adaptar la vivienda a sus necesidades.

En el momento de la burbuja (y posteriormente) esta corporación pública era el mayor hipotecador del mundo, y controlaba un tercio de las hipotecas del país. Pero esta entidad no solo se encargaba de los créditos a los compradores, sino que también utilizaba los ahorros provenientes del sistema postal para, de acuerdo con la administración, planificar nuevas viviendas que vender. En el año que el Nikkei rompía récords, un 78 % de las hipotecas de la entidad eran para la construcción (44 %) y compra de vivienda nueva (34 %), frente al 6,2 % para la compra de vivienda de segunda mano. Un exiguo 4,7 % se destinaba a créditos para la construcción de vivienda de alquiler.

Este escaso peso de la vivienda usada se explica en parte por la política de la institución de exigir condiciones y límites más estrictos para esta que para la nueva, con la intención de desmotivar la reventa de vivienda, y en general el nacimiento de un mercado de vivienda usada. Esto a su vez impedía la creación de un mercado secundario de compra-venta de hipotecas como el anglosajón, algo que se convirtió en habitual a raíz del big bang económico de 1986, con la desregulación promovida por Margaret Thatcher y Ronald Reagan, y que tendría dramáticas consecuencias en el siglo XXI.

En total en 1989 sus créditos sumaban la impresionante cantidad de 5 780 billones de yenes, todos ellos en el sector de la vivienda. Es importante mencionar que la construcción de vivienda, que no bajó del 10 % desde los 70, se disparó por encima del 15 % anual a partir de 1985, coincidiendo con el *endaka*. Un crecimiento disparatado comparado con el aumento demográfico del país en el momento (121 a 123 millones de 1985 a 1990), y que se explica por la fiebre especuladora de la que hablábamos más atrás. En esa década algo más de 6 millones de personas cambiaron de domicilio, mientras la especulación aumentaba el coste de los terrenos urbanos un 40 % de 1980 a 1987. El mercado daba síntomas claros de estar apartándose de la realidad.

Para completar el recuento de los actores del sector bancario japonés antes del estallido de la burbuja, hay que añadir a la ensaladilla formada por los 64 bancos regionales y 13 bancos locales (Japón tiene 47 provincias o prefecturas) al potente sistema postal público, hoy un banco privado, que permitía depósitos de ahorros hasta 3 millones de yenes[19].

---

19 Su ubicuidad y carácter popular lo convirtió en el primer

Pero volvamos un momento con el equivalente japonés a las cajas de ahorro. Para entender la política de estas entidades crediticias japonesas, *Sogo*, *Shinkin* y de la organización de la corporación de adquisición de vivienda pública, hay que tener en cuenta que, como iniciativas sin ánimo de lucro, no podían buscar el beneficio. Se daba la paradoja de que estas sociedades, a diferencia de la práctica normal en la banca, no solo no estaban en la obligación de establecer reservas para cubrir los descubiertos por créditos no devueltos, sino que, de hecho, eran penalizadas por ello. Las entidades debían pedir permiso de las autoridades fiscales para crear estas reservas, pues reducían su pasivo. Debido a ello, en 1991 las reservas del conjunto de la banca japonesa sumaban apena unos raquíticos 3 billones de yenes, mientras que la suma de sus créditos alcanzaba 450 billones. No había por tanto red ante un desastre. Recuerde el lector la explicación de la introducción a la economía de este libro para darse cuenta del riesgo de la situación.

Y con el exceso de dinero vinieron los buitres

Mientras, los mercados seguían sin control tras el *endaka*. Y esto dio lugar a extrañas historias, de esas que cuesta creer cuando ocurren en la ficción y más aún en la realidad. Entre ellas, destaca la de Onoue Nui.

En una sociedad machista y clasista como la de Japón durante la segunda mitad del siglo XX, ser mu-

---

banco de ahorros minorista japonés.

jer, nacida en una pequeña localidad de la prefectura de Nara, divorciarse a los 25 años de un matrimonio contraído a los 19 y trabajar de camarera no era exactamente lo esperable en el perfil de inversor de bolsa. Para Onoue Nui, la mayor inversora individual del mercado japonés en el momento cumbre de la burbuja, ese perfil era precisamente la razón de su incalculable fortuna. Quizá le suene al lector a brujería, de hecho estará en lo cierto.

Onoue, nacida en la prefectura de Nara en 1930, a pesar de casarse y divorciarse a edades tan tempranas, se dedicó con empeño al mundo de la hostelería, pudiendo financiarse y abrir su propio restaurante en una de las zonas más populares de Osaka con solo 35 años. Pero, apartada de la barra, en el interior del local, Onoue se dedicaba a una actividad aún más lucrativa, labrándose una sólida reputación de adivina entre sus clientes. Al parecer, Onoue era capaz de predecir con sus ritos primero los resultados de carreras de caballos, y de ahí saltó a las mejores oportunidades de inversión. Poco a poco, los rumores se fueron extendiendo y su cartera de clientes aumentando. En 1983, construye un edificio de siete plantas en la zona de Namba, cerca del corazón del ocio de Osaka, Doutonbori, y traslada a él su restaurante. Desde ese momento sus relaciones con el poder, la mafia y la brujería se profundizan más y más.

En una sala-altar de su restaurante, en ritual, se dedica a profetizar precios de mercado a importantes ejecutivos que comienzan a seguir al pie de la letra sus indicaciones, mientras ella invierte sus ingresos en operaciones autoprofetizadas que le proporcionan una cartera de valores de dimensiones épicas, lo que a su vez le permite controlar el mercado a voluntad. Gracias a sus contactos y su capacidad de amenazar y controlar la voluntad de grandes ejecutivos a través de sus supuestos poderes, Onoue logra acumular créditos bancarios por valor de tres billones de yenes con los que financiar sus inversiones. Con este dinero, entre otras cosas, se convirte en la máxima accionista del Industrial Bank of Japan, en aquel momento una de las mayores entidades del país. Por desgracia el declive de la economía le pilla por sorpresa. Cuando los mercados dejan de crecer de forma explosiva, Onoue decide convencer a sus "amigos" de la banca para que falsificasen avales con los que poder pedir aún más créditos para financiar sus operaciones. En total esta simple dueña de un restaurante era capaz de mover más de cien mil millones de yenes en un solo día en bolsa.

Sus trapicheos solo sirvieron para liar más el inevitable colapso final de su castillo de naipes. Irónicamente, tras su detención en agosto de 1991, tomó como estrategia de defensa sus nulos conocimientos de economía y aseguró desconocer sus acciones y haber sido manipulada por su entorno. No le sirvió para librarse de la prisión, pero sí para dar un final retorcido a su peripecia vital, de la que se han escrito gran cantidad de libros, películas y hasta una serie de televisión, pero sigue siendo curiosamente desconocida fuera de Japón.

La corrupción rampante, la autocomplacencia y una completa falta de previsión se combinaron para que la miopía ante la crisis fuese total hasta que esta fue ya una realidad imposible de obviar y su magnitud, cual seísmo, hiciese caer todos los pilares del mercado hasta entonces.

Capítulo 5: Recapitulemos

Así que de momento y en pleno 1989 tenemos un país que se caracteriza:

- Por un alto crecimiento económico.
- Tener de pronto una moneda mucho más alta de lo habitual.
- Una caída en los tipos de interés continuada seguida de una subida de los mismos.
- Una tremenda subida de los precios de las tierras y de la vivienda.
- Un aumento de la corrupción y de las obras públicas sin sentido.
- Una desregularización bancaria.
- La llegada de extraños entes que se hacían ricos de la noche a la mañana.

¿Les suena? Pues sigan leyendo…

Capítulo 6: El estallido de la burbuja en Japón

La ralentización económica en Japón no debe confundirse con una recesión de estilo occidental. Y es por ello que Japón rebotará y volverá al crecimiento [20].

En el año 1990, de las 50 personas más ricas de Japón, la mayoría simplemente habían vendido sus tierras. Este sería el año límite para la época de vino y rosas del *endaka*.

La burbuja japonesa explotó porque simplemente no podía hincharse más, los precios habían alcanzado su límite.

Hablar de la crisis japonesa es hablar de dos burbujas simultáneas, una inmobiliaria y otra financiera. En vista de los riesgos de la coyuntura económica y conscientes de los peligros que representaban estas

---

20 The economist, 11 de julio de 1992

burbujas, el Banco de Japón realiza una subida de la tasa oficial de descuento en mayo de 1989 del 2,5 % al 3,25 %, la primera de otras cuatro hasta 1990, momento en el que las burbujas colapsan.

Ese año, alcanzado el techo de diciembre de 1989, comienza a bajar el precio de las acciones, seguido por los terrenos en 1991.

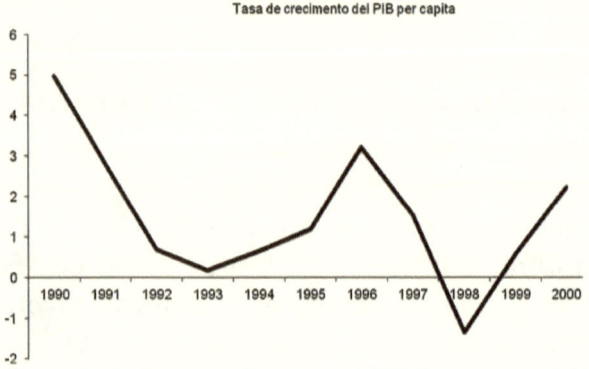

Mencionábamos capítulos atrás las palabras de Irving Fisher en su estudio sobre la gran depresión, un exceso de especulación, inversión o confianza no es un problema serio a menos que se realice con dinero prestado. Este fue el caso tanto de la burbuja japonesa como de la española.

Básicamente en el estudio de Fisher se establece que, una vez rota la burbuja, el gran problema es la deuda y cómo devolverla. En ese contexto todos los agentes de la economía están endeudados o actuando como si lo estuviesen, incluidos los bancos que han realizado los préstamos y las empresas y familias que no han participado en la burbuja.

Los bancos japoneses habían concedido una serie de préstamos a empresas y particulares para la compra de terrenos y acciones, tomando como aval los propios terrenos y acciones. Mientras los precios de acciones y terrenos siguiesen subiendo, esto no representaba un problema incluso si el préstamo no era pagado. Pero al bajar los precios, se volvió imposible recuperar el dinero en caso de impago. Lo mismo ocurrió con los préstamos realizados a las familias en forma de hipotecas, dado que el aval era la propia vivienda (recordemos que en Japón, al contrario que en España, hay dación en pago, se puede dar la vivienda y anular la hipoteca completa en cualquier momento).

Las empresas que pidieron préstamos para la compra de terrenos confiaban en la venta de los terrenos para pagar el préstamo y generar un beneficio. La pérdida de valor de los terrenos genera según las leyes contables internacionales una provisión por pérdidas, que obliga a las empresas a reservar dinero extra para el pago de ese préstamo, que no puede ser simplemente pagado por la venta del activo.

Las familias que han pedido una hipoteca se encuentran en la misma situación, ninguna ley contable les obliga a ahorrar, pero, sabiendo que en caso de problemas no tienen forma de recuperar el dinero perdido, tratan de hacerlo igualmente.

El hecho de que familias y empresas ahorrasen produjo una reducción del consumo, lo que implicó una reducción de la producción que llevó acarreada el despido de trabajadores, los cuales obviamente disminuyeron su consumo al reducirse sus ingresos. Japón entró en la espiral de la deflación.

Para entender de forma simple la deflación, hay que tener en cuenta que al reducirse de forma evidente el consumo, las empresas se ven forzadas a tratar de vender reduciendo los precios, pero como la gente sencillamente no puede comprar al precio que sea, porque no tienen trabajo o porque están ahorrando, los precios siguen bajando.

El impacto en el empleo es especialmente duro en el periodo a partir de 1995, si bien este decrece ininterrumpidamente durante la década comprendida entre 1992 y 2002, pasando el número de desempleados del 2 al 5,6 %, la cifra la más alta registrada en la historia reciente del país. Por comparar, actualmente se mueve en torno al 3,5 %. Es importante destacar que este número de desempleados procedió casi íntegramente de gente que ingresaba en el mercado de trabajo, pues el número de población en activo en el país se mantuvo constante, creciendo ligeramente de 64 a 66 millones entre 1992 y 1998 y decayendo hasta 63 millones hasta 2002, una tendencia en la que influyeron también factores demográficos.

Esto provocó la famosa ruptura generacional en Japón, entre una población ya establecida y acostumbrada a un modelo social donde se comenzaba a trabajar joven y con un solo trabajo para toda la vida, y una juventud con problemas para acceder a ese mercado laboral. A estos segundos se les denominó *furitaa*[21], fonetización del término inglés *freelancer*, o autonómo, con el término alemán *arbeit*, trabajar, que en japonés implica trabajo temporal. Fueron los primeros japoneses en experimentar la falta de empleo "para toda la vida", y su número pasó de representar menos del 20 % de los trabajadores a principios de los 90 al 50 % en la actualidad.

Muchos sectores se han adaptado a estos trabajadores sin empleo fijo, cuya principal fuente de ingresos son los *arubaito*[22], trabajos por horas, normalmente a tiempo parcial que no incluyen protección social ninguna ni cotizan para una futura pensión. Este tipo de trabajos se pueden encontrar en supermercados, gasolineras, restaurantes, bares…

Aún hoy en Japón muchos asocian este modelo con la juventud y la falta de deseo de comprometerse con las responsabilidades de un trabajo a jornada completa, comprar una casa, casarse… Pero en realidad cada vez son más comunes los casos de *furitaa* que alcanzan y superan los 40 años sin haber tenido oportunidades de un trabajo estable. Según datos citados por la revista *The Atlantic*, uno de cada cinco sigue viviendo con sus padres, y uno de cada seis casos de consulta por enfermedad mental, generalmente depresión, corres-

---

21 フリーター
22 アルバイト

ponde a este colectivo, porcentajes superiores al del colectivo de trabajadores con empleo fijo. Su tasa de suicidio se ha incrementado todos los años desde el estallido de la burbuja.

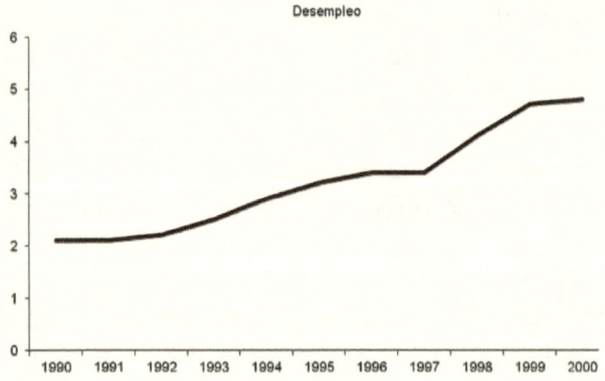

Según algunos expertos el problema de los trabajadores *furitaa* es una de las razones, junto al envejecimiento de la población, de que la economía japonesa se haya estancado definitivamente tras la burbuja.

Con algo más de dos trabajadores por cada retirado, y la mitad de la fuerza de trabajo en contratos de baja calidad, es complicado volver al vigor que mostró la economía japonesa de la posguerra.

Esta debilidad se mostró en toda su crudeza en 2014, cuando un incremento del impuesto de valor añadido (el "IVA" en España) del 5 al 8 % provocó un colapso económico que pilló a los economistas por sorpresa.

La economía se contrajo tras la subida un 7,3 %, frente a las previsiones casi unánimes de crecimiento de los analistas. La debacle obligó a posponer dos años el previsto incremento al 10 % y a convocar elecciones anticipadas al primer ministro Abe.

La debacle bancaria

Pero volviendo a la banca tras el estallido de la burbuja: Al considerar los bancos que muchos de los préstamos no iban a ser pagados, ahorraron de la única forma en que pueden hacerlo: reduciendo el crédito, lo que implica que las empresas, tanto las endeudadas como las que no, se vieron forzadas a reducir su producción, afectando al conjunto de la economía. Las familias, incluyendo a las no endeudadas, al ver la mala situación económica y laboral, comenzaron a ahorrar, lo que redujo el consumo, generando una espiral: el círculo vicioso de la ruptura de una burbuja.

En este momento cuando se produce tal incertidumbre en la economía que "la miopía del desastre" pasa a ser "magnificación del desastre" tal y como explican los economistas Richard Herring y Susan Wachter. El problema es mayor cuanta más relación haya entre la economía y el sector bancario:

En economías donde los bancos son la principal fuente de financiación, esto puede tener un impacto devastador sobre la inversión y el crecimiento económico. Más aún, como ha demostrado la crisis financiera asiática; una economía con una banca descapitalizada es mucho más vulnerable a shocks externos como a crisis de tipo de cambio que pueden afectar seriamente a la economía real. Así, la importancia del sector ban-

cario y su vínculo con el sector inmobiliario no solo amplifica la burbuja, sino que además puede tener mayores implicaciones sobre la estabilidad total de la economía.

En Japón los efectos de la crisis no se dejaron ver completamente hasta un par de años tras la ruptura de la burbuja, de ahí que las reacciones del gobierno fueran lentas. El desempleo pasó originalmente del 2,1 % en 1991 a 2,3 % en 1993, una cifra que pasaría desapercibida por muchos países, incluido el nuestro. Donde sí se notaron los efectos inmediatos fue en el mercado de acciones, en el de terrenos y en la tasa de crecimiento del PIB per cápita, que pasó casi fulminantemente del 3,12 % al 0,9 % en 1993.

Inmediatamente tras el comienzo de la crisis, algunos de los bancos más pequeños en tamaño comenzaron a tener problemas, pero esta situación fue considerada normal por las autoridades (a pesar de la ausencia de reservas o mecanismos de protección como se ha mencionado anteriormente).

Japón no había tenido problemas bancarios desde la Segunda Guerra Mundial y contaba con una fuerte regulación, aunque se hubiese suavizado en los años previos a la crisis. Considerando que la caída de las instituciones más débiles ante el estallido de la burbuja era algo normal, y que en cualquier caso la situación era pasajera, las medidas tomadas por las autoridades fueron limitadas. Se creó un sistema para ayudar a los bancos a librarse de los préstamos dudosos por la caída de los precios, en una institución llamada en inglés *Cooperative Credit Purchasing Company*. En 1993 el gobierno inició también su primer plan de gasto público. En el año 1994, en octubre, Yasushi Mieno, gobernador del Banco de Japón, da un discurso en el que asegura que no se apoyará a ninguna institución en quiebra. En diciembre de ese mismo año, dos grandes cooperativas con un capital conjunto de 210 mil millones de yenes tienen problemas. A pesar de las críticas de los medios, el Banco de Japón acude en su rescate junto a varias entidades privadas creando un banco que absorbiera las deudas, dotado de un capital de 40 mil millones de yenes, lo que llamaríamos el banco malo hoy en día. Este será el inicio de una pesadilla para la banca.

Para el año 1995 comienzan las quiebras o riesgos de quiebra en masa, mientras el otrora despreocupado Banco de Japón trata de rescatar a estos bancos a la vez que reduce los tipos de interés para intentar reestimular la economía y hacer accesible el dinero a la banca. El objetivo prioritario de las políticas del Banco de Japón es mantener a los bancos en funcionamiento hasta que la situación mejore.

Mientras tanto el gobierno continúa esta década con su política de gasto, desarrollando nuevos planes, con el objetivo fundamental de evitar el desempleo de una gran parte de la población.

Ambas políticas, las del gobierno y el Banco de Japón, pretendían detener el círculo vicioso de la economía antes descrito. Pero si bien la tasa de crecimiento del PIB se recuperó al 3,47 % para el año 1996, el desempleo llega al 3,4 %, mientras los préstamos de dudoso cobro siguieron sin solventarse. Poco a poco se fue haciendo patente que los estímulos no bastan. Además, los malos hábitos no se curan tan fácilmente. El hecho de que el gobierno nipón invirtiera para evitar el desempleo no quiere decir que lo hiciera de forma eficiente ni que la corrupción acumulada en los años del *endaka* hubiese disminuido. Japón se embarcó en una serie de proyectos ambiciosos que tendrían tan poco sentido como los anteriores.

Dado que la crisis continuaba, el Banco de Japón mantuvo reducciones en los tipos de interés durante toda la década, hasta llegar al 0 %. Pero eso no consiguió solucionar el problema.

A partir de 1998, forzada para sobrevivir, la banca japonesa inicia uno de los mayores procesos de concentración financiera de la historia. Entidades tan históricas como los dos bancos más antiguos del país, el *Dai Ichi Ginkou*[23] (literalmente, "el primer banco") la entidad financiera más antigua del país, que imprimió el papel moneda hasta la creación del Banco de Japón; y el *Fuji Ginkou*[24], heredero del primer gran *zaibatsu*, *Yasudaya*[25], fundado en 1864, se ven forzados a desaparecer como entidades independientes. Ambos, junto con el IBJ que quebró la mágica señora Onoue se combinan para formar en 2002 la corporación *Mizuho*[26], formando el que hoy es el tercer mayor banco del país.

El segundo puesto lo ha ocupado el *Mitsui Sumitomo*, nacido de la fusión en 2001 del *Sumitomo Ginkou* y el *Sakura Ginkou*, fruto este a la vez de la fusión de

---

23 第一銀行
24 富士銀行
25 安田や
26 みずほ

Mitsui Ginkou y *Taiyou Kobe Ginkou* en 1991. En 2003 se incorporó al grupo a un pequeño banco al borde de la quiebra, *Wakashio Ginkou*.

Con tanta concentración, el primer puesto solo podía ocuparlo un banco nacido no de una, sino de varias macrofusiones, el *Mitsubishi Tokyo UFJ Ginkou*[27]. Por si su largo nombre no lo diera a entender, esta entidad ha absorbido más bancos que nadie.

Su historia merece detenerse más a fondo. La primera de todas las fusiones que han dado forma a lo que es hoy en día el mayor banco japonés se produjo en el año 2000, con la consolidación del *Sanwa Ginkou* (que en 1990 era el banco más rentable del mundo), el *Toyo Ginkou* y el *Tokai Ginkou* en lo que se denominó *UFJ Ginkou*. Ese mismo año, por su parte, *Tokyo Ginkou*, *Mitsubishi Ginkou* y *Nippon Trust Bank* anunciaron su propia fusión, culminada en 2004.

Pero estas dos macrouniones son solo un trámite. En julio de ese mismo año, ambos bancos resultantes de sus respectivos procesos de concentración anuncian el inicio de conversaciones para su fusión, que fructifican en febrero del año siguiente, dando inicio al proceso de consolidación. En 2008, aprovechando la crisis de las *subprime*, incluyen en la fusión al *Union Bank* de California, en EE.UU. para finalizar su unión en 2013, convertidos ya en el primer banco del país por activos.

Mención aparte de estos tres titanes merecen el *Resona Ginkou*[28], unión de los bancos *Daiwa*, *kinki Osaka*

---

27 三菱東京UFJ銀行
28 りそな銀行

Ginkou y *Nara Ginkou* con el *Asahi Ginkou;* el *Sinsei Ginkou*, fruto de la privatización de los restos del *Long Term Credit Bank* a inversores norteamericanos, o el *Aozora Ginkou*[29], sucesor del *Nippon Credit Bank* tras su venta a la compañía *Softbank*.

El objetivo final de este proceso fue crear gigantes incapaces de quebrar. La bajada de los precios de tierras, viviendas y acciones había dejado en la ruina a muchos de sus clientes, convirtiendo todo el dinero que les había prestado en préstamos dudosos que amenazan no solo a los propios bancos sino a toda la economía, tal y como pasó en 1929. Cuando en 1998 se hicieron públicos los primeros datos, estos préstamos eran equivalentes al 10 % del PIB japonés.

Interesante es señalar la aparición en Japón tras la burbuja de un nuevo modelo de banca asociada a marcas reconocidas, siendo el caso más evidente el *Seven Ginkou*[30], negocio de banca de los supermercados *Seven Eleven*, y el *Sony Ginkou*[31], del gigante de los servicios Sony.

En concreto el negocio de banca de la tecnológica Sony parte de su proceso de transformación en una empresa de servicios y comenzó en este periodo de grandes fusiones, en 2001. El banco contó en su capital inicial con un 80 % de dinero de Sony y un 20 % de JP Morgan Chase, que abandonó el banco en 2005, aumentando el porcentaje de la matriz Sony hasta el 87 %, con un 16 % en manos de su rival *Sumitomo*

---

29 あおぞら銀行

30 セブン銀行

31 ソニー銀行

Mitsui. El acuerdo incluye también la posibilidad a los clientes de Sony de usar la red de cajeros del grupo *Sumitomo Mitsui*, si bien su modelo se basa fundamentalmente en la banca online.

En total cuenta con más de medio millón de clientes, que se benefician del modelo totalmente digital del banco. *Sony Ginkou* ofrece también seguros de hogar, automóvil o escolares; a los que hay que añadir las actividades de *Sony Seimei Hoken*[32], dedicada a la comercialización de seguros de vida, y de *Sony Fudousan* (Inmobiliaria Sony)[33], dedicada al negocio inmobiliario.

Seven Ginkou, por su parte, nació como un rincón de cajeros automáticos en las tiendas del grupo, pero poco a poco amplió su presencia y actualmente cuenta con sus propias oficinas dedicadas y cotiza como una empresa independiente en los mercados de valores. Sus principales valores son la sencillez (se puede abrir la cuenta directamente con un formulario en línea) y sus facilidades para inmigrantes[34]. Su negocio se basa en la banca al consumidor, ofreciendo servicio de nóminas y domiciliaciones, principalmente, pero también financia compras de productos. Finalizó el año 2014 con unos ingresos de 114 millones de yenes y un beneficio de 37.

---

32 ソニー生命保険

33 ソニー不動産

34 Sus cajeros ofrecen sus servicios de banca en 9 idiomas y cuenta con un acuerdo con Western Union para ofrecer los mejores precios en transferencias internacionales.

Capítulo 7: Bandazo político

Japón afronta el comienzo del siglo XXI amenazado por la deflación, con una tasa de desempleo del 5 % (compárese con el 2 % anterior a la crisis), y con estudios que evalúan la posibilidad de que el desempleo real llegue incluso al 10 %. Todo ello a pesar de los esfuerzos constructores de un renovado *doken kokka*, que lejos de atajar el desempleo, ha dejado al estado nipón con un déficit cercano al 8 % y una deuda equivalente a más del 100 % del Producto Interior Bruto (es decir, el valor total creado por la economía japonesa en un año).

Durante los años de la burbuja este valor se situaba en torno al 70 %, y en la actualidad se mueve alrededor del 230 %, la deuda más elevada en porcentaje a la dimensión de la economía del mundo. Sin embargo durante los 2010, y debido a una nueva política del gobierno y el Banco de Japón, este porcentaje está disminuyendo aceleradamente debido a la compra de deuda en manos privadas por parte de esta institución financiera, dentro de la política de las denominadas Abenomics.

Volviendo al momento del estallido de la burbuja. Al llegar la crisis a Japón en los 90, el *doken kokka*, lejos de perder impulso, se vio reforzado. Las instituciones creadas en las décadas anteriores para el desarrollo del país recibieron de inmediato los fondos necesarios para la realización de las políticas económicas de gasto, y así Japón se embarcó una vez más en una serie de planes de construcción que no pudieron detenerse ni siquiera cuando se demostró su profunda ineficiencia.

Con una población crecientemente frustrada de las políticas de toda una década sin soluciones permitieron emerger dentro del cuasi sempiternamente gobernante Partido Liberal Demócrata[35] al popular político Junichiro Koizumi hasta llevarle a la presidencia del gobierno en 2001. Su lema de campaña fue un directo "Fuera santuarios", resumen de su visión de dejar atrás políticas y actitudes previas a la crisis y corregir malos hábitos de la administración.

El eje principal de esta visión renovadora de Koizumi (al que el semanario "The Economist" llegó a calificar como «el hombre que rehízo Japón»[36]) fueron una serie de reformas estructurales e internas, cuyo foco estaba centrado en un doble eje: los numerosos problemas de la economía nipona y las inercias constructoras y corruptas del periodo anterior. Entre estos cambios, muchos fueron aparentes pequeños gestos,

---

35 自民党, partido que se ha mantenido en el poder desde 1955 salvo por un breve periodo entre 1993 y 1994 y entre 2009 y 2012.

36 The Economist, 14 de septiembre de 2006.

pero de gran calado a la hora de romper inercias. Uno de los más destacables fue a la hora de ofrecer posiciones de liderazgo en los diferentes ministerios. Donde hasta aquel momento había primado un estricto sistema de facciones que mantuviese los equilibrios internos del partido y sus aliados, Koizumi decidió ejercer su poder como líder para imponer quienes consideró más adecuados. Este tipo de actitudes le hicieron ganar un importante favor popular que, junto con su dominio de los medios de comunicación y su forma de hablar directa, potenció su popularidad y llevó a al partido gobernante a algunas de sus cotas más altas de favor popular, pero a la vez debilitó su posición interna en la formación.

Junto a la persistente crisis, todas las inercias creadas tras 50 años de crecimiento continuo y bajo el gobierno del mismo partido, unido a las reticencias de pesos pesados de la formación, llevaron a muchas de las reformas propuestas a encarar serias dificultades para su materialización, quedando muchas en punto muerto.

Y sin embargo era necesario hacer algo, no ya porque la deuda japonesa se había vuelto insostenible, como afirmaban los economistas a su ascenso al poder el 2001, sino porque su propio crecimiento en sí lo era. Y no era el único indicador económico fuera de control, pues el desempleo continuó creciendo durante este periodo.

Las grandes reformas estructurales de Koizumi, de corte neoliberal siguiendo la línea ideológica de su partido, se estructuraron en tres pilares fundamentales: reconstrucción fiscal, reformas regulatorias y disposición acelerada de los préstamos dudosos. Sus intenciones no dejaban lugar a dudas, se consideraba que durante dos o tres años la situación iba a ser dolorosa, y tal y como se esperaba, los efectos recesivos de esta receta no tardaron en demostrarse.

El gasto en obras públicas se redujo de los 9,4 billones de yenes en 2001 a 7,2 billones en 2006. En el campo de la banca se inició el "Programa para la Resurrección Financiera", formulado por el ministro de economía Takenaka en 2002, con acciones como la nacionalización del *Ashikaga ginkou*[37] en 2003 y empleando fondos para la compra de los préstamos dudosos con el objetivo de reducir el ratio de dichos fondos en los principales bancos a la mitad.

¿Fueron sus políticas un éxito? Depende para quién. La economía japonesa llegó a contraerse un -1 %, la deflación se hizo una realidad, y si bien Koizumi contuvo el crecimiento de la deuda, no la redujo, por lo que sus políticas tienen difícil justificación final tanto desde un punto de vista keynesiano como neo-liberal, y sin embargo no faltan autores como Ryunoshin Kamikawa que califican sus políticas como un éxito. Pero, en cualquier caso, y como veremos en el capítulo siguiente, la sociedad japonesa quedó marcada para siempre y los cambios en el PLD llevaron a un cambio profundo en la política y electorado japonés.

---

37 足利銀行

Capítulo 8: Tras la tormenta

Con 73 años, Jin Matsushita es todo un trabajador. De supermercado, concretamente, donde realiza labores de reponedor. El señor Matsushita no proviene de la clase baja, ni siquiera de la media. Jin fue un triunfador. Pero de eso hace ya muchos, muchos años. El 18 de junio de 2009, la prestigiosa revista Time decidió que su historia merecía ser conocida, al simbolizar gráficamente los cambios experimentados por la sociedad japonesa en 20 años tras el estallido de la burbuja.

No era la primera vez que la vida de Matsushita se llevaba a las páginas de una revista. El mismo autor, Bill Power, ya lo había entrevistado 10 años antes, entonces para las páginas de Newsweek. En aquella ocasión (1998) supimos que unos meses antes había perdido todos sus ahorros. Como buen empleado, había decidido invertirlos en la empresa para la que había trabajado como corredor de bolsa hasta 1995,

Yamaichi securities[38]. Fueron en total 50 000 acciones, que llegaron a alcanzar un valor de un millón de dólares en sus mejores momentos. Ese era el peor, pero no el único revés económico en la vida de Matsushita. Su condominio, adquirido por más de medio millón de dólares al poco del pinchazo de la burbuja, había perdido el 30 % de su valor..

Esfumados sus ahorros junto a su puesto de trabajo, el señor Matsushita tuvo que renunciar a cualquier forma de jubilación y seguir trabajando. Según asegura al periodista, su decisión de invertir todo en la firma en que trabajaba provocó discusiones con su esposa, pero él nunca pudo imaginar que una firma de aquel tamaño podría ir a la quiebra.

Y realmente no parecía una mala inversión. Con un siglo de historia, cerca de 9 000 empleados manejando fondos por valor de más de tres billones de yenes, *Yamauchi* ostentaba la consideración de empresa sistémica. O lo que es lo mismo, *Yamauchi* era demasiado grande para caer. Pero una serie de operaciones fraudulentas con el objetivo de absorber las pérdidas de sus clientes y mantener los ingresos en tiempos de recesión pudo más que el tamaño bruto. Y ya se sabe que cuanto más grande, más destructiva es la caída.

La estafa que se llevó por delante la sociedad se basaba en el denominado fraude *tobashi*[39], sustantivación del verbo "volar". Como su nombre indica, la idea es hacer volar las pérdidas de la cuenta de resultados de los clientes, ocultándolas en otra inversión. Estas em-

---

38 山一証券
39 飛ばし

presas fantasma compran inversiones que se saben ya ruinosas al precio original, salvando al inversor de la pérdidas.

En este caso la sociedad con la que se instrumentaba esta estafa se hacía llamar *Yamauchi enterprise*, la cual compraba las inversiones fallidas de los clientes más importantes. Detrás estaba el miedo a que una mala reputación de inversiones fallidas hiciera perder la confianza en la empresa. En total desde el año 1990 se acumularon de esta forma más de un billón de yenes en pérdidas. Por esta estafa, que provocó la mayor quiebra de la historia japonesa, el presidente de la sociedad se vio obligado a comparecer en el parlamento japonés.

Pero no fue el único escándalo que afectó a la compañía, que ya se había labrado cierta mala reputación al hacerse público que había pagado a *Sokaiya*, un tipo de mafia que amenaza a los consejos de administración de sociedades y los extorsiona bajo la amenaza de revelar secretos internos. Sus enormes pérdidas en los últimos años tampoco ayudaron.

Este es uno de los casos más famosos, pero no era el único. En numerosas empresas las cuentas no cuadraban. El Banco de Japón tuvo que tomar medidas excepcionales para proteger la economía japonesa y mundial, incluyendo créditos especiales para las empresas afectadas e intervención en los mercados de divisas para estabilizar el valor del yen.

Volviendo al señor Matsushita, 20 años después su lujoso condominio se ha transformado, cual carroza de Cenicienta, en una deuda que se ha convertido en el centro de su vida. El cerca de medio millón de dólares que costaba al cambio en su día, se ha transformado finalmente en tres cuartos de millón, o 76 millones de yenes, de los cuales 59 han correspondido al pago de una hipoteca. Desplomados los precios de mercado, vender no es una opción. Y al igual que en España, dejar de pagar significaría perder la vivienda. Es por esa razón que poco después de perderlo todo, y con más de 60 años, se vio obligado a comenzar a trabajar en un supermercado. Se encarga concretamente del turno más duro, de diez de la noche a siete de la mañana, a cambio de 81 dólares la noche. A su senectud, el trabajo se ha convertido en la única opción de mantener lo poco que le queda.

El caso de Matsushita, lejos de ser un hecho aislado, se ha convertido en una tendencia más de dos décadas después del estallido de la burbuja. De acuerdo a las cifras recogidas en un artículo de la revista Bloomberg Business[40], 5,7 millones de japoneses mantienen un trabajo más allá de los 65 años en el año 2012, a pesar de que oficialmente la edad de jubilación se ha mantenido en 61 años (60 hasta 2013). Un dato relevante, pues a esa edad las empresas pueden obligar al trabajador a abandonar su puesto de trabajo. La cifra, según la publicación, supone 1 de cada 5 japoneses en ese tramo de edad, por ahora el mayor porcentaje de entre las grandes economías, e impulsa al alza la edad efectiva de abandono del trabajo hasta los 70 años.

La situación actual beneficia especialmente a las empresas. Se citan casos como el de *Komatsu*, que una vez alcanzada la edad de jubilación recontrata al 90 % de sus empleados con un sueldo un 40 % inferior, para

---

[40] *In Japan, Retirees Go On Working*, Bloomberg Business, 30 de agosto de 2012

compensar el descenso de productividad por el desgaste físico. Para algunas compañías, como *Mitsubishi Estate*, el porcentaje de trabajadores que sobrepasan la edad de jubilación supera el 11 %.

Pero no se trata solo de un problema para quienes padecen este trabajo tardío, sino también para el conjunto de la economía japonesa. Para 2015, cuando la edad de jubilación alcanzó los 65 años, el pago de pensiones se calculaba en el 24 % del PIB, equivalente a 148,9 billones de yenes. A pesar de ello, la cuantía por persona de estas no alcanza para una vida digna. Hay que tener en cuenta que el sistema de pensiones japonés ofrece una menor cantidad anual que el español, y también las retenciones son menores (aunque no están ligadas al salario). Un japonés paga al mes 15 000 ¥ (108 €), y recibirá al año 792 100 ¥ (5700 €) tras 40 años trabajando. Eso quiere decir que los japoneses deben ahorrar si quieren sobrevivir a la jubilación. Por otra parte, los estudios también muestran que los ancianos que trabajan suponen un importante ahorro para los sistemas sanitarios prefecturales, debido a los seguros privados. La prefectura de Nagano, con la mayor proporción de ancianos trabajando, tiene también el menor gasto sanitario por residente de la tercera edad. Fukuoka, por contra, cuenta con la menor proporción de ancianos trabajadores y el mayor gasto sanitario asociado a ellos, de acuerdo a un estudio de 2007 citado por la misma publicación. Es otra de las razones por las que el gobierno japonés retrasará la edad de jubilación.

La parte negativa de estas reformas para institucionalizar el trabajo más allá de los 60 es para las empresas y los jóvenes. Las primeras se quejan de que se les obliga a contar en el mercado de trabajo con gente que por sus condiciones físicas son poco atractivas para la contratación, mientras que a los segundos se les dificulta la entrada al mercado de trabajo, ya saturado.

La presencia de este tipo de trabajadores tiene un impacto directo en la forma en que se motiva por parte de las compañías a los trabajadores. Se ha comprobado que los ancianos sienten más aversión a trabajar largas jornadas, buscan tener tiempo para cuidar a otros familiares, y no se sienten movidos por los incentivos tradicionales, como expectativas de promoción o avanzar en la carrera profesional.

Según un estudio publicado por el centro para el trabajo y la familia de la Universidad de Boston sobre la familia en Japón y Corea, en el futuro las empresas se van a ver presionadas por las circunstancias para incrementar las políticas de conciliación familia/trabajo así como incorporar medidas para proporcionar a sus trabajadores cuidados físicos y psíquicos acordes a sus necesidades, tanto para los trabajadores de avanzada edad como para aquellos más jóvenes que tengan que hacerse cargo de familiares.

Pero no es el mercado de trabajo el único que nota esa tendencia. El ex primer ministro Noda pedía en 2011 la adopción de medidas para activar el consumo entre la tercera edad, ante el incremento de este segmento de la población, tradicionalmente más tendente al ahorro y que supone más de un cuarto del total de los japoneses. Japón se enfrenta a este envejecimiento de la población y a la necesidad de mantener a este segmento de población activo y productivo a la vez que la juventud se enfrenta a la dificultad de poder crear una familia y tener hijos.

La sociedad japonesa ha primado de forma tradicional el trabajo del varón en la familia, dejando la crianza de los hijos y labores domésticas a la mujer. Al igual que otras sociedades desarrolladas, la progresiva incorporación de la mujer a la fuerza laboral no ha venido acompañada de un cambio radical en esta situación, lo que ha aumentado la presión sobre las trabajadoras/madres y sobre los abuelos, que en muchos casos asumen la crianza de los hijos en ausencia de los padres, por sus necesidades laborales.

En Japón, donde la división tradicional de roles es aún más marcada que en otros países desarrollados, el gobierno aprobó en 1985 la ley de igualdad de oportunidades en el trabajo, que sobre el papel garantizaba a las mujeres los mismos derechos en materias como promoción, salarios, beneficios, indemnizaciones…

Sin embargo, en la práctica, la situación para las mujeres no es mucho mejor que en los 80. Si bien ha habido un aumento de su presencia en el mercado de trabajo, para poder criar hijos sigue siendo necesario que la mujer abandone su carrera de forma prematura ante la imposibilidad de conciliar ambas facetas.

Las denominadas "Abenomics", en referencia al primer ministro Abe, han vuelto a incidir activamente en la necesidad de revertir esta situación e incorporar de forma permanente a las mujeres para mantener el impulso económico del país. En este sentido, su gabinete prometió 200 000 nuevas plazas de guardería para marzo de 2015 y otras 200 000 para marzo de 2018. Un número insuficiente para solucionar el problema de la baja maternidad y que no aporta ningún remedio a otra de las causas, la dificultad para las familias de financiar la crianza de los hijos.

El fruto final de todo el descontento surgido por la crisis ha sido la desconfianza con la clase política. La imposibilidad de jubilarse, el paro, la deflación y los *furitaa*, incapaces de conseguir un trabajo estable, fueron la clave de una serie de elecciones en las que el Partido Liberal Democrático perdió la total y absoluta hegemonía política que mantuvo durante los anteriores 50 años.

Capítulo 9: Segundo recopilatorio

Por tanto, tras casi 20 años del estallido de la burbuja, la situación del Japón en crisis se puede resumir en estos puntos:

- Envejecimiento de la población.
- Altas tasas de paro para lo habitual en el país.
- Descontento político.
- Amplia concentración bancaria que no resuelve la crisis
- Descontento social.
- Deflación.
- Amplia deuda en términos de PIB.

Capítulo 10: España antes de la burbuja

Al igual que Japón, España se recobraba de las secuelas de una guerra en los años 50 del siglo XX. La guerra civil española había terminado mucho antes, en 1939, pero el aislamiento del régimen de Franco impidió que la recuperación se produjese a un ritmo normal. La situación cambió durante los años sesenta, una época de aperturismo, que vieron la llegada del denominado "milagro económico español". Era la época de Manuel Fraga como ministro de turismo, del "*Spain is different!*", de la llegada del turismo y la proliferación definitiva de los SEAT 600. Tras el crecimiento de los años sesenta, España, como todos los países europeos, se vio afectada por las crisis del petróleo, aunque de forma más tardía al beneficiarse de ser el estado franquista uno de los países que no aceptaba al estado de Israel. Por otra parte, la época franquista, inspirada en los principios de la economía fascista, había puesto un especial énfasis en el desarrollo de la industria pesada, de carácter estatal y escasamente competitiva. La unión de estos factores forzó la necesidad de una reconversión industrial, que sin embargo no se pudo materializar por razones políticas y para evitar problemas sociales durante la transición hasta entrada la década de los ochenta. Esta reconversión trajo una serie de problemas, entre los cuales se encontraba una elevada tasa de desempleo por encima del 24 % en 1994.

No se puede olvidar que el país, tras la muerte de Francisco Franco y las primeras elecciones generales en 1977, sufre una severa transformación en el ámbito político, no solo por la llegada de la democracia sino por el reconocimiento de España por parte de diversos organismos internacionales. Un reconocimiento que alcanza su mayor hito con la entrada en la Comunidad Económica Europea (1986), que acarrea importantes cambios al forzar a una mayor integración legislativa y económica con los países que más tarde formarán la Unión Europea en 1993.

Esto es muy importante para entender la mentalidad colectiva de los españoles de la época de la burbuja, acostumbrados a ver un entorno social en permanente cambio y crecimiento, aún dentro de una importante inestabilidad social, especialmente por los efectos de la pequeña crisis de 1990 y de la reconversión económica. A mediados de los 90, la suma de esta inestabilidad social, el desgaste de 16 años de gobierno socialista y los numerosos escándalos de corrupción propician la llegada al poder del Partido Popular de José María Aznar en 1996.

Y así llegamos al 27 de marzo de 1998.

En espera del fin de semana, la mañana se presenta fresca. A duras penas los puntos más cálidos del país superarán los 20 grados. A pesar del frío los jóvenes tienen un motivo para sonreír esta mañana. Ya es oficial, el servicio militar obligatorio tiene fecha de defunción: noviembre de 2001.

Pero no es la única noticia de la jornada. El jueves 26, como veremos a continuación, había sido un día cargado de actualidad. El diario de más tirada, El País, asusta a sus lectores con su foto de portada: un niño con una visera sujeta una enorme pistola en su mano. La cara ha sido pixelada, por lo que no es posible apreciar su expresión. Bajo ella titula *"Su padre le enseñó a disparar con seis años"*. Es la forma del rotativo madrileño de ilustrar la enésima matanza en una escuela de EE.UU. Menor espacio, un hueco en su sumario, ocupa el rechazo del PP a las enmiendas a la Ley de Contrato de Unión Civil que habrían permitido a parejas homosexuales adoptar hijos.

La nota económica la pone un titular a dos columnas, arrinconado a la parte inferior: *"Blair quiere frenar los abusos sociales con su nuevo modelo sobre el Estado de bienestar"*. Con su propuesta al parlamento británico, Blair da un paso más en su muy alabada transformación del laborismo británico y europeo a la nueva corriente de pensamiento nacida del Tatcherismo. Es la Tercera Vía, llamada a impactar profundamente los cimientos de la socialdemocracia europea.

Desde la portada de ABC, mucho más optimista, el presidente de la Comisión Europea Jacques Santer felicita a España por las condiciones en que accedemos al euro. Es una constatación de que, desde hace ya meses, la crisis que había azotado España a principios de los 90 es ya agua pasada. Apenas hace un año que el presidente Aznar ha proclamado que "España va bien", y The Wall Street Journal[41] había publicado su otra frase célebre: "El milagro (económico) soy yo". El optimismo por el futuro está presente a casi todos los niveles.

Pero este clima de bonanza no alcanza a todos. No al menos al grupo de parados que un día antes, el jueves 26, han decidido que ha llegado el momento de hacerse oír. En una acción de protesta, tomaron la Bolsa de Madrid para reivindicar una solución a sus problemas. Se sienten olvidados. En el primer trimestre del año hay 3,28 millones de personas que se encuentran en su misma situación.

Dos de ellos llegan a acceder al patio de operaciones y repartir en él octavillas, en un momento en el cual aún pervive sobre el parqué el murmullo de los corros, antes de que la informática termine de imponer el silencio y frialdad del fluir de bits en redes, frente al caos de decenas de hombres gritando. Detrás de la convocatoria está Adepa, *"Asociación de Parados en Acción"*. Catorce años más tarde un grupo con el mismo nombre e idéntico pensamiento será parte de los que se sumen al movimiento 15M. Pero eso queda muy lejano en este momento.

Durante su acción corean a voz en grito «da bolsa revienta de beneficios y los parados de sacrificios». La portavoz de la asociación en la protesta, Eugenia Ortiz Marco, aprovecha la atención de la prensa para pedir, con escaso éxito, a los millones de parados del estado que se unan a sus acciones y a futuras actividades. También manifiesta que cree necesaria una legislación "que respalde a los trabajadores" y espera que

---

41 Acabará siendo consejero de su editora

convocatorias de éxito lleven ese mensaje hasta Rodrigo Rato, ministro de Economía.

Un nuevo modelo de empleo

Por desgracia, la noticia apenas tiene alcance en los medios. El mismo día 26 su protesta queda en un segundo plano frente al anuncio del ministro de Trabajo, Javier Arenas, del *"Plan Nacional de Acción para el Empleo y Las Corporaciones Locales"*, cuyo objetivo es la puesta en marcha de talleres y cursos para desempleados en colaboración con la Federación Española de Municipios y Provincias. Se trata de un plan para cinco años que busca dar una salida al problema del desempleo.

En esa presentación, que tiene lugar en Zaragoza, el gobierno quiere dejar clara a la opinión pública su "compromiso social" y "con Europa". Julio Sánchez Fierro, Secretario General Técnico de Trabajo y uno de los padres de la patronal española, la hoy famosa CEOE, hace un alegato en su intervención por la importancia de la protección social:

«una Europa unida en una dimensión más potente y más institucionalizada, no valdría la pena vivirla si hubiera una desatención a las necesidades de los ciudadanos.»

Pero Sánchez Fierro no habla de la protección social como la conocíamos: vende un nuevo paradigma. Durante décadas se construía el estado del bienestar en Europa a través de conseguir la protección contra las desdichas; y entre ellas la falta de empleo. Ya no debemos luchar contra el paro. Ahora hay que trabajar "a favor del empleo". Un cambio, que, según sus palabras, nace en la cumbre que da lugar al tratado de Ámsterdam, y que supone «un cambio de visión fundamental».

«Como ustedes saben, en el periodo de estos dos años se han alcanzado importantes acuerdos y se han realizado importantes reformas estructurales que han afectado a la liberalización de bienes, servicios y de factores productivos, y que han contribuido a una evolución muy importante de la economía española. Sobre la base de una economía sana es posible que se cree o se defina una política de empleo igualmente sana[42].»

Este cambio de visión se sustenta en cuatro pilares que deben regir los planes de empleo nacionales, de acuerdo al tratado europeo, y que él recoge en su propio discurso: Fomentar la "empleabilidad"; incrementar el "espíritu emprendedor"; promover la flexibilidad en la organización de las empresas, y consagrar la "igualdad de oportunidades" en el mercado de trabajo.

Sánchez Fierro deja claro quién es el responsable de esta visión, al punto de afirmar que «no es un plan del Gobierno». «Es un plan que se ajusta a las directrices comunitarias, no lo dice el Gobierno, lo ha dicho hoy mismo la Comisión Europea».

---

42 Julio Sánchez Fierro, Zaragoza a 26 de marzo de 1998

Se refiere Sánchez Fierro al añadido a los tratados europeos del artículo 109 N, en el que "los Estados miembros la Comunidad se esforzarán (...) para potenciar una mano de obra cualificada, formada y adaptable y mercados laborales con capacidad de respuesta al cambio económico". El cambio de rumbo de la política en materia de empleo se presenta como una imposición externa, pero irónicamente sus "logros" posteriores se venderán como aciertos propios.

La ley desreguladora que pare la burbuja

Es en este marco, de "flexibilización" económica y euforia social, que ese mismo jueves 26 de marzo se reúnen las Cortes españolas. Encima de sus mesas, lista para su aprobación se encuentra la nueva y novedosa Ley del Suelo. Su puesta en marcha es una prioridad para el ejecutivo ante la situación de interinidad tras la derogación de gran parte de la ley vigente por parte del Tribunal Constitucional.

La sentencia reconoce a las autonomías «competencias exclusivas en materia de ordenación del territorio, urbanismo y vivienda», por lo que pasaban a ser inconstitucionales, por tanto, aquellas legislaciones estatales que tuviesen carácter de "código urbanístico", como ocurría con la norma vigente. La sentencia, fruto de una denuncia de las propias regiones, mantenía sin embargo la puerta abierta a una legislación nacional:

103

«De la circunstancia de que la materia de ordenación del territorio, urbanismo y vivienda haya sido asumida como competencia exclusiva por las Comunidades Autónomas no deriva que el Estado haya quedado desapoderado, en términos absolutos, de competencia en esta materia, especialmente en lo que hace referencia a la llamada "propiedad urbanística" y a la regulación de las condiciones básicas que garantizan la igualdad de todos los españoles en el ejercicio de los derechos.»

Es ese hueco el que llenará la nueva norma.

La votación se salda sin sorpresas. 167 votos a favor, del Partido Popular y sus socios CiU y PNV, 143 en contra de PSOE e IU, y cuatro abstenciones. Es digno de mencionar que más allá del simple apoyo, CiU fue precursor de esta legislación, que además se inspira parcialmente en la ley catalana del suelo promovida por los convergentes.

Cambio de rumbo

Cada una de las normas, la anterior y la nueva, pueden resumirse a una sola palabra, legible al inicio respectivo de cada una: "congruencia" en el caso de la de 1992, "liberalización" en el de la de 1998.

Sus puntos de partida no pueden ser más opuestos. Así, el artículo 1º de la norma socialista se imponía como meta lo siguiente:

«procurar que el suelo se utilice en congruencia con la utilidad pública y la función social de la propiedad, (...) impedir la desigual atribución de los beneficios y las cargas del planteamiento entre los propietarios afectados e imponer la justa distribución de los mismos (y) asegurar la participación de la comunidad en las plusvalías que genere la acción urbanística de los entes públicos.»

Términos muy cercanos al espectro izquierdo de la política, a la visión del estado como protector y garante.

La norma estructura un modelo en el que se establecen diferentes categorías (suelo urbano, urbanizable planificado, urbanizable no planificado y no urbanizable) que deben pasar por un proceso administrativo y garantizar una serie de equipamientos dotacionales (jardines, colegios, centros de salud...) y planificaciones para su conversión. El objetivo es evitar un crecimiento caótico como el sufrido por España durante el periodo del desarrollismo y garantizar un modelo constructivo "congruente" y organizado. A cambio, ofrece un gran poder a la administración y obliga a los proyectos a un tortuoso proceso administrativo para recalificar terrenos.

Una complejidad que la ley recién aprobada por las Cortes no solo rechaza de plano, sino que incluso critica abiertamente en su prólogo con palabras gruesas:

«las intervenciones administrativas (...) han contribuido decisivamente a demorar hasta extremos "irrazonables" la conclusión de las operaciones de urbanización (...) con el consiguiente encarecimiento del producto final. (...) La última de dichas reformas (...) llevó esta línea de tendencia a sus últimas consecuencias y su fracaso.»

La nueva ley, como se ve, parte de una crítica a la regulación y se articula como un canto al liberalismo y la desregulación. No se autocensura al afirmar desde el mismo punto 2 de su exposición de motivos que, con su texto, «pretende facilitar el aumento de la oferta de suelo, haciendo posible que todo (...) pueda considerarse como susceptible de ser urbanizado». La única excepción es, en palabras de la propia norma, la "justificada inadecuación" de un proyecto, sea por motivos de protección ambiental, patrimonial, etc

Una completa vuelta de la tortilla. Donde antes se obligaba a justificar la necesidad de urbanizar el suelo, ahora se obliga a justificar la imposibilidad de hacerlo. Como la propia norma presume, y aprovecha para apuntillar modelos pasados «prescinde (...) de imponer a los propietarios un sistema de actuaciones programadas por la Administración, sin datos ni garantías que aseguren su ejecución». Para que el lector pueda hacerse una idea del cambio, el papel de la administración a la hora de planificar las futuras urbanizaciones pasa del que adopta un jugador en el popular juego *Sim city* (en el que el jugador trata de construir la ciudad ideal) al de ser la banca del no menos célebre *Mo-*

nopoly. La ley aprovecha también para solventar otra de las quejas recibidas por la norma anterior, y reduce a solo el 10 % (y faculta a las autonomías a reducirlo aún más) el suelo que se reservan los Ayuntamientos. La nueva legislación reconoce así mismo el derecho de propiedad del suelo, entendido como el derecho de un propietario a urbanizar y edificar la tierra de su propiedad. Se impide, en definitiva, que como ha ocurrido hasta el momento, la administración pueda limitar la iniciativa privada a la hora de crear nuevas áreas urbanas.

El Gobierno no tiene reparos en alabar su medida, sus portavoces aprovechan los micrófonos para promocionar un esperable vuelco completo en los precios de la vivienda comparable al giro de 180 grados en la política de suelo. Arias Salgado, ministro responsable de la ley, se permite asegurar un abaratamiento de hasta el 40 % del precio del suelo gracias al cambio, en aplicación de los más básicos mecanismos de la ley de la oferta y la demanda.

En sus propias palabras, Arias Salgado asegura que ha impulsado este profundo cambio para «incrementar las oferta de suelo urbanizable para que pueda disminuir el precio de la vivienda». El cambio de norma es, a los ojos del gobierno y los medios, una medida de carácter social que soluciona un problema urgente en un país donde la vivienda en propiedad es el gran deseo.

Pero la propia ley dice que hay algo más. No solo la necesidad social de aumentar el parque de viviendas motiva esta reforma del mercado del suelo. También está detrás la intención «en el sentido de una mayor liberalización (...) Forma parte de la necesaria reforma estructural de la economía española», según refleja su texto.

Junto a esta ley, el gobierno pasa a confiar en el mercado para regular los precios, disminuyendo drásticamente el gasto social por persona en vivienda, que en 1998 es ya un diminuto 39,9 en prestaciones sociales por persona en paridad de poder adquisitivo de la UE 15, frente al 88, 9 de la media de la UE o el 314,1 de Reino Unido, el más elevado en aquel momento; cae drásticamente al 30,06 en el año 2000 y no recuperará los niveles anteriores a la norma hasta 2006, con la burbuja a punto de estallar y los precios rozando sus máximos absolutos.

El dinero destinado a hacer la vivienda accesible cae, pero el coste de las viviendas no baja; sube.

Mientras, el porcentaje de viviendas en propiedad, que al momento de aprobación de la ley ronda el 90 %, crece ligeramente tras su aprobación hasta alcanzar su máximo en el año 2000, en plena espera del euro, y mantiene una tendencia descendente casi continua a partir de ese momento, hasta el 83 % aproximadamente de los últimos tiempos. Ese porcentaje, a pesar de todo, no tiene parangón en los países de nuestro entorno.

Capítulo 11: Hinchando la burbuja española

Pocos negocios proliferaron tanto en tan poco tiempo (si acaso los Compro oro durante la crisis) como las oficinas de las inmobiliarias en las calles españolas en los cinco años entre 2002 y 2007. Nombres como Don Piso, Fincas Corral, Tecnocasa... competían mano a mano con pequeñas y medianas empresas. Si no tenías trabajo o buscabas una primera oportunidad laboral y ponerte traje no te quedaba (demasiado) mal, esta era una salida laboral fácil, vender casas. Lo mejor es que no era necesaria mucha labia para convencer a los potenciales clientes, estos ya llegaban convencidos de antemano. La demanda aparentemente superaba a la oferta, a pesar de que esta no paraba de aumentar con planes más y más ambiciosos de urbanización. Pueblos de 300 habitantes se convertían en ciudades dormitorio, pequeños prados a orillas de ríos proyectaban reconvertirse en lujosas urbanizaciones con campo de golf.

Y es que con la llegada del euro a nuestro país se habían producido tres fenómenos hasta entonces impensables. Por un lado España pasaba de tener una moneda baja, "de país pobre", a ser parte de una moneda que compite con el dólar y está respaldada por la totalidad de los miembros de la UE. La equiparación de las monedas conllevaría una serie de cambios en los precios que, desde un punto de vista académico ha sido negada como "mito", la inflación encubierta. De pronto el precio de un café pasó de 100 pesetas a 1 €, el de las golosinas de 5 pesetas a 5 céntimos y así con miles de productos. Si la inflación encubierta se considera un mito es porque otros productos pasaron a estar más baratos compensado la diferencia, al menos de forma estadística (quien pudiese comprar esos productos es otra historia, por supuesto, y el famoso "mito" sin duda afectó a las clases menos pudientes). Los efectos de tener un euro caro en lugar de una peseta barata no son comparables a los del *endaka* gracias al acceso al mercado europeo, tanto en exportaciones como en capitales, pero tuvo otras consecuencias.

La llegada del euro provoca otro cambio profundo: con un mercado bancario mucho más amplio (el del conjunto de la zona euro), el precio de los préstamos disminuye. Estamos ante los tipos de interés más bajos que se hayan visto en España en décadas. A esto hay que añadir que el siglo XXI comienza con una gran incertidumbre. Entre el atentado de las torres gemelas, la guerra de Irak y la explosión de la anterior burbuja económica de las .com, los bancos centrales deciden bajar los tipos de interés lo que reduce también el tipo de interés de referencia de las hipotecas, el Euribor.

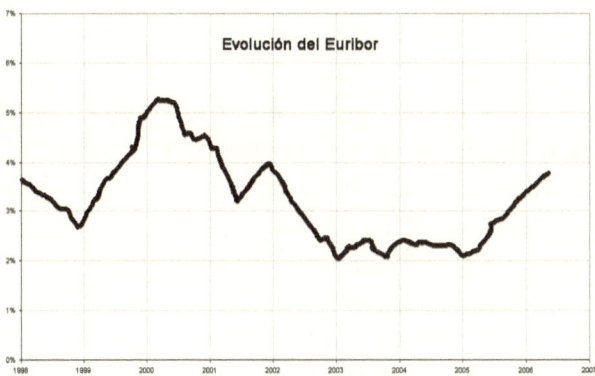

Un tercer fenómeno que condiciona esta España de principio de siglo y su economía es la inmigración, que provoca un profundo y rápido cambio demográfico de 40 millones de habitantes en 2001 a 47 millones en 2011.

Por primera vez un político español podía decir «España va bien» y creérselo. La entrada en la UE, la reducción de la tasa de desempleo y el crecimiento económico gracias a la construcción animaron a la llegada de inmigrantes a España, especialmente para trabajos relacionados con la construcción y servicios. Y con su propia presencia aumentaron un poco más la demanda de vivienda.

Fueron estos tres factores: inflación de precios, abaratamiento del crédito y aumento de la población, los que dieron luz a los dos grandes dichos de la época de la burbuja: "los precios de los pisos nunca bajan" y "alquilar es tirar el dinero": En un país donde el crecimiento era cada vez mayor, el empleo más estable y los precios no dejaban de subir, ¿por qué alquilar?

El primer dicho se ha desmentido a sí mismo. Los precios de las casas pueden bajar, no hay ninguna ley ni económica ni humana que diga lo contrario.

Curiosamente el segundo persiste. Todavía nos encontramos a mucha gente que dice convencida que «alquilar es tirar el dinero», a pesar de los desahucios y los problemas que la compra ha producido tras la crisis a gran parte de la población.

No es el objetivo de esta obra abogar en contra de la compra de casas, pero hay que tener algo claro. En un país como España donde por regla general no hay dación de pago, el hecho de comprar o no comprar no es más que una decisión financiera más, como lo es invertir en bolsa. Es una apuesta, ni más ni menos.

Aquel que compre un piso, está suponiendo que puede pagarlo y que no va a tener excesivas dificultades durante el tiempo que dure la hipoteca, ya que en el caso de no poder pagar la ley española es implacable. Y hay que tener en cuenta que cuando se suscriben hipotecas a 40 años es una cantidad de tiempo lo bastante alta como para que haya altibajos: crisis económicas, accidentes, enfermedades…

Aquel que no compra aventura que puedan ocurrir desgracias durante ese periodo y por lo tanto no merece la pena arriesgarse a no poder pagar. También le resultará más fácil cambiar de localidad para buscar otro trabajo, podrá buscar una vivienda más barata en caso de dificultades, etc. Aunque claro, llegado a la vejez no tendrá una vivienda en propiedad ni podrá tenerla a no ser que reserve una partida de dinero para ello durante todos esos años. Suponiendo, por supuesto, que se disponga de recursos para tomar semejante decisión. Pero dejemos de momento esa cuestión...

El boom del ladrillo

Pero volvamos con la construcción en aquella época. Al igual que en Japón, la burbuja tuvo motivos racionales en sus inicios. La situación macroeconómica, tal y como se describía entonces, era buena, especialmente comparada con los años anteriores. La demanda de nuevas viviendas crecía gracias a la inmigración y los bajos tipos de interés. En general las expectativas sobre la economía española eran muy buenas. En 1998 la vivienda comenzó a ser considerada un activo barato al compararla con la situación pasada. En palabras del economista Gonzalo Bernardos Domínguez:

«Esta consideración es corroborada por la evolución del grado de esfuerzo familiar bruto necesario para adquirir una residencia. En dicho año, su nivel se situó en un 29 por 100, notablemente por debajo del 63 por 100 observado en 1990, pero también del 41,7 por 100 advertido en 1987.»

En estas condiciones las familias españolas se lanzaron a la compra de viviendas como primera propiedad o para mejorar la existente. A los motivos comentados anteriormente se sumó en esta fase inicial la incertidumbre generada en los inicios del siglo XXI, que convirtió a la vivienda en un activo refugio.

El efecto de la inmigración y de la especulación

Crecía la demanda de viviendas y aumentaba su producción, lo que requería a su vez una mayor mano de obra. Esta necesidad y el crecimiento general de la economía española animó la llegada de nuevos inmigrantes. Al principio se establecieron en casas de alquiler, pero según obtuvieron empleos estables ellos mismos se lanzaron a la compra de la primera propiedad aprovechando las ventajas financieras ya mencionadas.

Aquellos que llegaron en fechas más tardías fueron los primeros en ver los excesos de la burbuja, ya que algunos se enfrentaron a todo tipo de dificultades para alquilar una casa, mientras que los bancos no tenían problemas en ofrecerles hipotecas. Esto produjo una subida de precios de la vivienda por efecto doble: Por un lado los inmigrantes compraban viviendas usadas en las zonas menos demandadas de las ciudades, y por otro los antiguos dueños de esos pisos se apoyaban en ese dinero para comprarse una mejor vivienda en nuevas promociones. Pero estas razones "normales" no explican la totalidad del incremento de la demanda de la vivienda, y hay que tener en cuenta también las razones especulativas. Tal y como hemos dicho el siglo XXI comenzó con incertidumbre para muchos, con lo que se empleó la vivienda como activo refugio. La creencia por parte de muchos inversores de que en las zonas más importantes de las ciudades los precios de las viviendas no podían disminuir llevó a la compra de numerosos edificios, locales y casas en estas zonas. El efecto sería tan poderoso que la demanda de inmuebles de lujo explotó, tal y como lo describe de nuevo el economista Gonzalo Bernardos:

«**El carácter de activo refugio, el elevado capital disponible y la excepcional importancia otorgada por los inversores a la localización de los inmuebles, comportó un impresionante aumento de la demanda de viviendas de lujo ubicadas en las zonas más emblemáticas de las principales ciudades. Dada la relativa escasez de edificios residenciales existente en las indicadas zonas, sus precios subieron de forma increíble y superaron con creces a los de los inmuebles de oficinas ubicados en una similar localización.**»

El crecimiento de los precios animó a los inversores, que pasaron de la búsqueda de un activo refugio en los primeros compases de la burbuja a la pura especulación. El activo inmobiliario presenta una ventaja para la especulación, ya que no solo los especuladores invierten en él: las familias y los inmigrantes iban a seguir realizando compras mientras las expectativas de trabajo, precios y las facilidades a la financiación se mantuviesen, según explica José García Montalvo, profesor de economía de la Universidad Pompeu Fabra, comparando la situación de España con la de EE.UU. (teniendo en cuenta el hecho de que en EE.UU. se puede hacer cargo de la deuda simplemente devolviendo la casa)[43].

---

43 *De la quimera inmobiliaria al colapso financiero,* Antoni Bosch, 2008

Los últimos resultados son, aparentemente contradictorios. ¿Cómo se puede explicar que los compradores crean en su gran mayoría que existe sobrevaloración y, al mismo tiempo, piensen que el crecimiento de los precios en el futuro será tan elevado?

García Montalvo analizó en 2006 una encuesta sobre expectativas de los compradores de vivienda muy similar a la realizada por Case y Shiller (2003) para Estados Unidos. La situación cíclica del sector inmobiliario cuando se realizaron ambas encuestas era similar. En ella se aprecia que, pese a que la inmensa mayoría de los compradores encuestados habían adquirido la vivienda para residencia habitual, para la mitad de los compradores el componente de inversión fue un factor bastante, o muy importante, en su decisión.

No obstante, la probabilidad que asignaba el comprador español a una caída de los precios era mucho más baja que la contemplada por los compradores de EE.UU. y las expectativas de revalorización futura también eran muy superiores. En España la ceguera ante la burbuja era aún mayor.

Así, las familias españolas, no temiendo una caída en los precios de la vivienda sino todo lo contrario, se animaron a pedir préstamos hipotecarios, y dado que el coste de las hipotecas en aquella época era semejante al coste del alquiler, parecía haber pocos incentivos para lo contrario.

El desfase público, nuestro Doken Kokka

Si bien no hay un momento claro de inflexión en el que la dimensión de los proyectos alcanza niveles desconocidos, sí es un hecho que año a año los proyectos, tanto privados como públicos, se hacen más y más ambiciosos. Entre ellos, los destinados a contenidos culturales. Es lo que se ha venido a llamar el "efecto Guggenheim".

El término, que da título a un libro del periodista Iñaki Esteban, se refiere a un nuevo concepto de espacio museístico o cultural espectacular, capaz de convertirse en centro de atención por sí mismo más que por su contenido. Si bien originalmente tenía unas connotaciones más positivas, siendo el museo Guggenheim Bilbao, que le da nombre, un ejemplo de cómo un edificio singular transforma la imagen de un espacio antaño degradado y lo convierte en foco turístico, poco a poco se ha ido asociando a más y más fracasos.

Hay que decir que todo el mérito del proyecto bilbaíno (relativamente barato y de resultados espectaculares) no es solo del museo, sino de una planificación que llevó décadas; pues simultáneamente Valencia comenzó una obra faraónica con una intención similar, pero llena de cambios, improvisaciones y sobrecostes; y de resultados muy distintos: La Ciutat de les Arts i les Ciències.

Y con Valencia, pronto se unieron Castellón, Burgos, Talavera de la Reina… y en general toda España. Animados por el éxito de Bilbao, los bajos tipos de interés y el apoyo de las cajas de ahorros, cada ciudad trataría de poner su nombre en el mapa con diversos esperpentos cada cual de mayor coste y sin un plan viable para de gastos. Así la mencionada Ciutat de les Arts i les Ciències acabó con pérdidas de 44 millones de euros y una deuda de explotación de 400 millones. A ellos se unieron proyectos tardíos y más o menos esperpénticos como el foro de Barcelona, con un coste de 324 millones de euros, sin apenas uso durante años y con forma de quesito del caserío. O el Metrosol Parasol de Sevilla, gigantescas sombrillas con forma de setas, y un coste de 123 millones de euros para dar sombra; por no olvidar la Cidade da Cultura en Galicia, que presupuestada en 104 millones de euros llegó a costar más de 400 y apenas tiene visitantes; o la archifamosa Terra Mítica que en 2016 volvió con fuerza a las noticias como sinónimo de despilfarro y corrupción...

Líderes en infraestructuras

Pero no es la inversión en "cultura" lo único que se dispara en España en estos años. De una única línea de alta velocidad en los años 90 (la Madrid-Sevilla nacida para la Expo 92), a finales de milenio el gobierno español presenta su agresivo plan de infraestructuras 2000-2006, que prevé una inversión de casi 200 mil millones de euros anuales (un 4,5 % del PIB de media anual, en sus cálculos al momento de su presentación).

De ellos, 43 000 (un 1,4 % del PIB) se destinan al desarrollo ferroviario. Se calculó que su construcción generaría 225 000 puestos de trabajo durante su construcción y, a su finalización, tendría un impacto en la productividad del 5,2 % del PIB, creando 550 000 empleos permanentes. Una vez concluido, la mayor parte de las capitales de provincia españolas estarían unidas por alta velocidad. La red pasaría de 470 a 7700 km. Este plan se corrige y amplía en 2005, aumentando los kilómetros a 9000. Para aquel momento, el plan original de inversión ya había superado las cifras originales. Los kilómetros de alta velocidad alcanzan en 2003 los 1300, con casi otros 1000 en ejecución, 1500 en proyección y 2100 en espera de declaración de impacto ambiental.

La gran novedad del nuevo plan de 2005 es aumentar la inversión en ferrocarril un punto, hasta el 1,5 % del PIB anual, y el énfasis en el transporte de mercancías, ya que el plan anterior se centraba casi exclusivamente en el transporte de pasajeros.

La consecuencia de esta política fue que España se convierte en 2010 en el primer país del mundo en kilómetros de alta velocidad por habitante y el segundo del mundo (tras China) en red total, con 2230 km en funcionamiento.

Para los 2010, según cifras del gobierno hay 3100 km de alta velocidad, si bien solo 2469 corresponden a nuevas líneas de alta velocidad, el resto son tramos reacondicionados. En 2013 fue utilizada por 21 000 pasajeros. Mientras tanto, los recursos destinados a los trenes de cercanías o la electrificación de las líneas del levante han sido tremendamente escasos.

La fuerte inversión en infraestructuras y obras públicas contribuye decididamente al crecimiento económico y a absorber gran parte del desempleo previo. En el periodo de 1996 a 2004, España crea cuatro millones trescientos mil puestos de trabajo, a pesar de lo cual la tasa de desempleo se mantiene por encima del 10 % (pasó del 22,8 al 11,2).

Pero si hubo un motor del crecimiento económico, ese fue el sector de la construcción. No por nada proliferaban todas aquellas inmobiliarias que mencionábamos al inicio del capítulo. En 2008, con la crisis ya iniciada, este sector aportaba el 40 % del PIB (sumando el 18 % directo y el 21 % en servicios para el sector).

Es interesante el dato de que un 2,4 % del PIB provenía directamente de licencias, permisos, tasas y otros procesos administrativos relacionados con la construcción, según estimaciones de la época del colegio de registradores.

Entre 1998 y 2007 el parque de viviendas disponibles en España creció 5,7 millones, y en este último año el sector empleó al 13 % de la población española. En ese mismo periodo la aportación directa de la construcción promedió un 20 % del total de la economía.

Sin embargo, durante todo este periodo las dudas sobre el futuro del sector se fueron extendiendo. Un libro publicado en 2004 por el portal idealista.com, *La burbuja inmobiliaria*, recopilaba comentarios de sus usuarios en ese sentido y es sin duda una gran muestra del debate que vivía nuestro país en aquellos días y del que hablaremos más adelante.

A partir de 2005 las noticias sobre los síntomas de debilidad del sector de la construcción se suceden, sostenidas en la dificultad de acceso de los ciudadanos a la vivienda. Ese año el precio de la vivienda crece un 12,8 %, irónicamente el incremento más débil desde el 2000, en 2004 había sido de un 17,5 %. El precio se duplicaba en poco más de un lustro, sin parangón con el crecimiento de los salarios y en un contexto inflacionista, complicando a niveles desconocidos la compra de una vivienda.

No se puede olvidar el paso del campo a la ciudad dado unas décadas antes por una generación entera de españoles, esa que abandonó los pueblos por las ciudades, y que siempre asumió como el paso natural de crear una familia la compra de un hogar. Los pisos de dos o tres habitaciones no estaban pensados para albergar a múltiples familias, pero el concepto de alquiler era extraño a la mentalidad española, por lo que se permanecía en casa de los padres hasta poder adquirir un nuevo hogar.

El paso lógico, por tanto, para los jóvenes, era comprar una casa. Ya en su momento había sido esta elevada necesidad de vivienda la que teóricamente había impulsado la nueva ley del suelo. El incesante aumento de precios, sin embargo, no se lo pone fácil. Por algo las inmobiliarias se ven forzadas a contratar a su ejército de uniformados puerta a puerta.

Irónicamente, los alquileres no se sumaron a la ola alcista. Entre 1997 y 2005 el precio medio de la vivienda aumentó un 51 % más que el de los alquileres, a pesar de lo cual no aumentó el atractivo de esta opción. La razón está embebida muy profundamente en la mentalidad española, como ya hemos mencionado, en la que las familias consideraban un alquiler exclusivamente como "tirar el dinero".

Es en esta situación donde la labor de las entidades financieras, especialmente las cajas de ahorros, es vital para poder mantener el volumen de financiación para mantener la rueda girando.

Al igual que en Japón y por otras razones históricas, en España también las entidades financieras son las que prestan tanto al ciudadano medio como a la industria y los negocios.

Las cajas, la singularidad española

Nacidas al albor de la revolución industrial, las cajas de ahorro, que arribaron a España durante el trienio liberal, habían sido la banca de las clases humildes. De carácter local o provincial y naturaleza benéfica, históricamente habían escapado de una competencia directa con la banca. Esto cambió de forma progresiva pero drástica en dos hitos: la liberalización de los tipos de interés de pasivo en 1987 y la libre instalación de oficinas fuera de su marco geográfico en 1989, poniéndolas en directa competencia con la banca.

Un primer proceso de fusiones a principios de los 90 redujo el número de estas entidades de 77 en el año 89 a 55 en el 92. Posteriores procesos de concentración redujeron a su vez el número de cajas a 45 a finales de la primera década del milenio. Las nuevas entidades resultantes de este proceso abandonan en tiempos de la burbuja sus provincias de origen a la vez que maquillan su imagen, acortan su nombre y adoptan atractivas identidades corporativas para lanzarse a competir de tú a tú con la banca privada. Un hecho especialmente significativo es que la gestión de las cajas, de origen social, recae en manos de los antiguos fundadores, ayuntamientos y diputaciones, de forma que el poder político gestiona directamente las entidades; que a su vez se convierten en el instrumento financiero de las administraciones públicas, especialmente de las autonomías, que ven las cajas como una banca regional pública bajo su directo control.

Hacia la época de la burbuja, excluidas las grandes entidades como Caja Madrid y La Caixa, equiparables a la banca privada, las entidades son de mediano tamaño, con un núcleo del negocio establecido en su región de origen, en la que se centra su fidelización en la obra social y la imbricación con la tierra; mientras al mismo tiempo, fuera de ese territorio, realizan una captación de clientes con ofertas muy agresivas Son notorios los casos de entidades que abren oficinas en otras provincias al albor de promociones inmobiliarias que la entidad financia.

A principios de siglo, acabada su transformación, las cajas cuentan con una amplia red de oficinas y una actividad casi indistinguible de la de la banca. La entrada de España en el euro permite a estas entidades acceder a una financiación internacional impensable años atrás, lo que les permite crecer ofreciendo crédito a sus clientes. Y lo hacen a manos llenas. Entre 2000 y 2008 la banca española multiplica su deuda por siete, a un ritmo exponencial. Su endeudamiento pasa de suponer en ese mismo periodo del 10 al 70 % del Producto Interior Bruto. Esto impulsó el crecimiento del conjunto de la deuda española, que en estos ocho años se convierte en la segunda que más crece, solo superada por el Reino Unido.

Las cajas son decisivas para alcanzar estas cifras. A pesar de sus relativamente reducidas dimensiones, la banca europea, especialmente la francesa y alemana (que al contar con unos altísimos niveles de ahorro puede prestar con facilidad) encuentra en estas entidades españolas un negocio rentable y sencillo para todas las partes. Solo en 2007, la banca alemana presta 300 000 millones de dólares a sus colegas españoles, a los que hay que sumar otros 200 000 procedentes de los franceses.

Gracias a este fácil acceso al crédito, el negocio prestamista dispara los beneficios del sector financiero hasta los 169 281 millones de euros entre 1996 y 2010. Los activos bancarios, el dinero en sus cuentas, alcanzan por su parte el 350 % del PIB para 2011. Es decir, hay tres veces de media más dinero en los bancos que dinero produce la economía española, lo que convierte su importancia en capital para la economía nacional.

Para comparar, en EE.UU. representan el 80 % y en Japón el 174 % de su economía.

De ahí que en España, el desencadenante del final de la burbuja fue la decisión del BCE de subir los tipos de interés en el año 2005.

Capítulo 12: Tercer recopilatorio

¿Por qué se caracterizaba España en el 2005? En pocas palabras:

- Por un alto crecimiento económico basado en la construcción
- La integración en la UE.
- Tener de pronto una moneda mucho más alta.
- Una caída en los tipos de interés continuada seguida de una subida de los mismos.
- Una tremenda subida de los precios de las tierras y de la vivienda.
- Un aumento de la corrupción y de las obras públicas sin sentido.
- La llegada de extraños entes que se hacían ricos.
- Una fuerte inmigración.
- Un amplio endeudamiento a nivel nacional.

¿Habéis notado el copiar y pegar? Ha sido completamente aposta.

Capítulo 13: Estallido de la burbuja

Las burbujas se hinchan y explotan, de ahí el nombre. En algún momento hay un cambio en la situación o alguno de los agentes que participan en la especulación ya no tiene suficiente dinero para pagar los elevados precios o el estado trata de solventar una situación insostenible. En cualquier caso, las burbujas se rompen y llevan a una nueva situación de crisis.

Mejorada la situación de la eurozona, el gobernador del BCE, Trichet, inició una serie de subida de tipos destinadas a detener la inflación, ya que el objetivo principal del BCE, según sus estatutos, es mantener la inflación alrededor del 2 %. Del año 2005 al 2007 los tipos de interés pasaron del 2 % al 4 %. El efecto sobre la endeudada economía española se hizo ver inmediatamente, afectando especialmente a las familias que habían contratado hipotecas a tipo de interés variable tomando lo que habrían pagado de alquiler como referencia. Estas familias se encontraron de inmediato con serios problemas de liquidez, de ahí que la prensa no económica se hiciese eco de una noticia que habría pasado desapercibida en otras circunstancias. La subida de tipos de interés acabó con las facilidades de crédito, dificultando el mantenimiento de la espiral alcista de precios que mantenía viva la burbuja.

Pero aunque la afilada aguja ya rondaba junto al sobreinflado globo y amenazaba un pinchazo inminente, diversos grupos de especuladores no lo consideraron así o simplemente decidieron ignorar los riesgos. Los precios, por tanto, continuaron subiendo durante 2005 y 2006, aunque con una desaceleración evidente: del 12,8 % del conjunto de 2005, que activó las alarmas de una desaceleración evidente, se pasó al 6,3 % en el primer semestre de 2006 y a solo el 3,3 % en el segundo semestre.

El deterioro es evidente a partir de ese momento, tal y como explicaba el economista italiano Michele Boldrin[44]:

En general, las recesiones aparecen cuando desaparecen las oportunidades de beneficios y, al mismo tiempo, se realizan un gran número de "inversiones equivocadas" que generan pérdidas. Esto era exactamente lo que estaba ocurriendo en España desde finales del 2006, por lo que una recesión era inevitable en cualquier caso, incluso en ausencia de una crisis internacional. Por desgracia, el "boom" en el sector de la construcción ha durado un par de años más de lo que hubiera sido deseable, por lo que ahora nos encontramos

---

44 *La crisis de la Economía Española: Lecciones y Propuestas*, 2009, Fedea

con un millón de viviendas sin vender o que solo se pueden vender perdiendo dinero. A estas "inversiones equivocadas" hay que añadir que el nivel de empleo en el sector de la construcción y los que dependen de él, resulta ahora mucho mayor, aproximadamente un millón de trabajadores, de lo que la demanda puede sostener de forma económicamente viable en el futuro. Aquí radica nuestra crisis; y este problema lo hubiéramos tenido con y sin crisis americana.

El boom del sector inmobiliario era un muerto viviente, ante la reducción de las facilidades crediticias y de la demanda no especulativa (a pesar de los intentos de mantenerla viva artificialmente con un aumento desmesurado de la publicidad de nueva vivienda, con las inmobiliarias copando la publicidad en los medios). Pero aún faltaba la señal que avisase a los inversores especulativos de que la fiesta había concluido. Dicha señal, en forma de crisis financiera internacional, se produce en agosto de 2007 con la llegada de la denominada crisis de las *subprime* desde EE.UU. (casualmente, o no, otra burbuja inmobiliaria). Hay bastante consenso entre los autores consultados en que el caso de la crisis de las *subprime* iniciada en EE.UU. no es la principal causa de la crisis española[45], o al menos no

---

45 La crisis económica española fue resumida por el Banco de España en un simple párrafo.
La mayor disponibilidad de crédito, facilitada por la pertenencia en la UEM, y las expectativas excesivamente optimistas en relación con el crecimiento rápido de la renta per cápita llevaron a las familias y a las empresas españolas a endeudarse a un ritmo elevado. Cuando, partiendo de

la única, ya que los bancos españoles no estaban tan afectados por estos tipos de activos, si bien sin duda influyó en el inicio de la misma[46].

Tal y como vimos en el capítulo tres, la miopía ante el desastre y los incentivos perversos tuvieron un gran papel. Los préstamos realizados por la banca a familias, promotores inmobiliarios y demás agentes implicados se consideraron seguros durante la mayor parte del periodo, dado que en último término el precio de la propiedad era mayor que el préstamo realizado. Y así el sector bancario se enladrilló más y más.

En España, al contrario que en Japón, la fase desarrollista no dejó una conjunción de entes cuyos intereses convergían en la construcción tan profunda como la nipona, a pesar de lo cual la unión coyuntural de intereses de los empresarios de la construcción, a través de los medios de comunicación (sector que, especialmente a niveles locales y regionales, acabó de forma directa o indirecta en sus manos), con los políticos de los que dependían las declaraciones ambientales y el pago de impuestos y licencias para su actividad se con-

---

esta situación, las expectativas de crecimiento se vuelven más realistas y se endurecen las condiciones de acceso al crédito, las decisiones de consumo y de inversión han de ajustarse con intensidad para corregir una dinámica de endeudamiento que se revela como insostenible.

Á. Estrada y otros, *La economía española en la UEM: Los diez primeros años*, Banco de España , Documentos Ocasionales Nº 0901 2009

46 Tal y como establece de nuevo el Banco de España en el mismo artículo:
La crisis tiene dos focos de desencadenamiento. El primero es interno y tiene que ver con los excesos acumulados durante el periodo de expansión. El segundo es externo y se debe a la incidencia de las sucesivas turbulencias financieras internacionales que se desatan a partir de julio de 2007.

virtió en una mina sin fin de casos de compadreo, corrupción y lo que posteriormente se vino a denominar "capitalismo de amiguetes".

La ley del suelo de 1998 dio una especial importancia a los ayuntamientos en la decisión de qué suelo era urbanizable mediante los planes de ordenación que no estaban delimitados por competencias estatales o autonómicas. El director del departamento de Ciencia Política y de la Administración de la Universidad de Murcia Fernando Jiménez lo expresa de forma muy clara[47]:

Un plan de ordenación puede, en fin, incorporar cualquier tipo de política urbana y territorial, pura y simplemente, porque no existen obstáculos de ninguna clase que se lo impidan. Ni siquiera existen en la Ley del Suelo directrices susceptibles de orientar, ya que no limitar, el libre despliegue de la potestad municipal de planeamiento, como las que perfila el Capítulo III del Título I de la Constitución para enmarcar la acción de los legisladores. Mayor libertad no cabe, por tanto.

Como vimos, los ayuntamientos tienen derecho a una parte del suelo urbanizado, impuestos, o ambas cosas, aparte de un amplio abanico de licencias, etc. Esta situación monopolística por parte de los ayuntamientos generaba un doble problema: por un lado, los ayuntamientos pueden emplear a su discreción los pla-

---

47 *Boom urbanístico y corrupción política en España*, 2008.

nes de ordenación para obtener grandes ingresos; por otro el monopolio de los ayuntamientos sobre el suelo se convirtió en un acicate para la corrupción. No solo eso, los ayuntamientos podían endeudarse utilizando ese 10 % de suelo reservado para sí como aval, algo que pasaría factura más tarde con ayuntamientos cargados de deudas, siendo el caso más famoso el del ayuntamiento de Madrid que para 2011 acumulaba más de 6 000 millones de deuda[48]. En ambos sentidos los ayuntamientos tuvieron especiales incentivos en mantener y alimentar la burbuja inmobiliaria.

En otro lado de este "eje del mal" están las comunidades autónomas, que si bien no tienen control directo sobre el suelo, se beneficiaron tanto del incremento de los ingresos producido por la expansión de la economía como de los bajos tipos de interés, a la sazón de tener estrechos vínculos por las estructuras de partido con los políticos de las instituciones locales que sí se beneficiaban directa o indirectamente de la burbuja, y con los medios de comunicación de los constructores.

La descentralización del gasto público que se ha venido realizando desde la transición ha dado a las Comunidades Autónomas gran parte del peso del gasto público mientras los ingresos provienen del estado, lo cual ha hecho a estas instituciones muy susceptibles a buscar cualquier forma extraordinaria de financiación que les permita mantener su equilibrio presupuestario.

En una época de crecimiento económico y bajos tipos de interés, las CC.AA. aprovecharon los ingresos y las facilidades crediticias para realizar sus propias in-

48 *Así ha evolucionado la deuda de Madrid desde que la disparó Gallardón hasta la intervención de Montoro*, eldiario.es , 2017

versiones en infraestructuras y construcciones de otra índole sin preocuparse por los costes tanto como se habría hecho en un momento de austeridad. Estas inversiones se han realizado algunas veces de forma directa y otras junto al capital privado.

Dado que los ingresos previstos eran siempre crecientes, estas obras y gastos excepcionales no afectaban a sus previsiones de déficit, lo que llevó a una serie de malas decisiones en infraestructuras promovidas por instituciones regionales o provinciales, de cuyos casos más emblemáticos han dado sobrada cuenta los medios de comunicación en los últimos años y que van desde aeropuertos cerrados como Castellón o Logroño a parques temáticos ruinosos como el parque Warner de Madrid o Terra Mítica de Alicante, que al igual que pasó con los grandes parques temáticos japoneses ha tenido que ser vendido con pérdidas ruinosas.

Estas inversiones fueron financiadas por el último miembro de nuestro particular "eje del mal", la banca en forma de Cajas de ahorros. Las Cajas de ahorros, como explicábamos en capítulos anteriores, estuvieron fuertemente reguladas durante mucho tiempo por su carácter benéfico, y si bien esta regulación se fue reduciendo con el paso del tiempo, todavía estaban sometidas a un fuerte control público durante la época de la burbuja.

Este doble control dejó muchos espacios vacíos en los que las cajas quedaron controladas políticamente por las CC.AA. a través de los representantes de ayuntamientos, diputaciones y otros organismos públicos presentes en su patronato, lo que les permitía controlar de forma más o menos directa las cajas y usarlas como instrumento de financiación para sus proyectos sin tener que pasar por el control de riesgos exigido por las entidades privadas.

El efecto en España de esas políticas desastrosas de nuestro "eje del mal" fue mucho más evidente que en Japón. Si en el año 2007 la tasa de desempleo se encontraba en un 8,3 %, en tan solo un año llegó al 11,3 %.

Hay que tener en cuenta que la crisis económica española no fue un caso aislado, sino que coincidió en el tiempo con una crisis financiera internacional, y el efecto fue mucho más rápido. Por otro lado, la tasa de crecimiento del PIB pasó de un 3,6 % al 0,9 %. En términos del activo que produjo la burbuja, la vivienda, la reducción en la actividad fue tan amplia como muestra este gráfico:

Evolución del precio de la vivienda en España 1985 - 2012
Precio medio del m² - en euros

La burbuja hace "pum"

Si hay una diferencia fundamental con la burbuja japonesa, esa es que España no había pagado su propia fiesta. Pensemos un momento, ¿cuándo ha habido en el mundo un miedo al capital español con películas en las que malvados empresarios de Madrid compraban empresas en Nueva York? La respuesta es nunca, y la razón es porque España, a pesar de su masiva inversión en infraestructuras, grandes obras, enormes contenedores culturales y todo tipo de eventos, no era un país puntero que exportase gran cantidad de tecnología, bienes o cualquier otra cosa, salvo turismo. La burbuja inmobiliaria española fue financiada desde el extranjero, y esto tuvo finalmente consecuencias catastróficas en los años venideros, ya que los bancos alemanes y franceses no estaban dispuestos a perder lo que habían prestado.

Para colmo de males, en España la respuesta por parte de las autoridades una vez evidenciada la situación era más compleja que en Japón. La política monetaria se realiza desde el BCE, mientras que la política fiscal la realiza el gobierno junto con las autonomías, y es por lo tanto muy difícil coordinarlas. Con todo el objetivo era similar. De nuevo evitar el círculo vicioso, tratando de mantener el empleo y el crédito.

Gracias a la crisis internacional, el Banco Central Europeo optó en principio por reducir los tipos de interés, comenzando en 2008, con una bajada que alcanzó primero el 3,25 % y que continuó descendiendo hasta el 1 % en el año 2011. Mientras tanto, en España el gobierno inicia una serie de planes para paliar los efectos de la crisis sobre el empleo. Estos planes se realizan desde una perspectiva a corto plazo, ya que se valora erróneamente que el sector financiero español, al no estar muy implicado en la crisis *subprime*, conseguirá solventar sin problemas el bache. Así, las primeras medidas iniciadas por las autoridades españolas incluyen una ligera reducción de los impuestos, mediante una devolución de hasta 400 € sobre el IRPF en el año 2008; ampliar el tiempo a las subvenciones al desempleo de larga duración y activar el denominado "Plan E" de gasto público de apoyo a las inversiones locales y a la creación de empleo, dotado de unos fondos, según la propaganda estatal, de 11 000 millones de euros. Una de las medidas tomadas casi inmediatamente por las autoridades y que no había sido necesaria en Japón hasta bien entrada la crisis (1999), fue la que el estudioso de la crisis japonesa Gavan McCorcack definió como "crear bancos demasiado grandes para quebrar"[49].

La situación se inicia tras una serie de episodios relacionados con entidades fuertemente enladrilladas como Caja Castilla la Mancha. Tras un periodo inicial de negación, finalmente los reguladores y autoridades, especialmente a nivel autonómico se ven forzados a reconocer que la banca está mucho más afectada por la crisis de lo que se suponía, por lo que se decide emprender una serie de gastos como apoyo al sector bancario, en concordia con la UE y el Banco de España.

En este momento se inicia un proceso de concentración bancaria, centrado casi en su totalidad en las Cajas de ahorro, que se estructura mediante el Fondo de Reestructuración y Ordenación Bancaria (FROB), el cual se dota con un presupuesto de 11 590 millones de euros. Las cajas se habían visto especialmente afectadas por la crisis por su intervención en el sector inmobiliario (donde fueron un actor fundamental) y

---

49 Gavan Mccormack , *Breaking the iron triangle*. New Left Review 13, January-February 2002

sus préstamos al sector público (que como se reseñaba antes tuvo mucho que ver con su control público).

Todo ello las hizo especialmente vulnerables, un hecho agravado por su estatus legal, que les dificultaba conseguir nuevo capital. En apenas un año el 92 % de las cajas acepta a regañadientes recibir ayudas del fondo de restructuración para fusionarse.

Estas medidas, sin embargo, no consiguen los efectos deseados. En el 2009 la tasa del desempleo llega al 18 %, mientras la tasa de crecimiento del PIB baja al -3,7 %. Para colmo esta situación se ve agravada por un elemento no previsto, pero consecuencia del "eje del mal" español: la crisis de deuda, que afectó primero a países como Grecia e Irlanda y ahora amenaza a España.

Durante la época de bonanza las instituciones públicas habían aumentado los gastos basándose en los incrementos de los ingresos, pidiendo en ocasiones prestado para ello, aprovechando la coyuntura económica. Esta situación viró súbitamente tras el inicio de la crisis: los ingresos comenzaron a reducirse, lo que pilló de sorpresa a numerosas administraciones públicas, que se vieron sin los recursos necesarios para pagar sus infladas deudas.

El consiguiente incremento del déficit y la desconfianza de los mercados aumentaron la presión al gobierno a abandonar las políticas expansivas de corte keynesiano para pasar a las de austeridad. A esta presión se fueron sumando diversos sectores como la oposición conservadora, otros gobiernos europeos y, a través de la influencia de los medios y los políticos, una parte considerable de la propia sociedad española. Finalmente, acorralados por la presión y la dificultad de financiación, el gobierno (al igual que otras muchas instituciones públicas como comunidades y ayuntamientos) se ve obligado a iniciar una política de recortes que se poco después incrementa con el cambio de gobierno, en consonancia con los deseos de las instituciones europeas.

Y como remate queda la corrupción. La explosión de la burbuja destapó los numerosos abusos de la época, pero, sea por inercia, avaricia u otra razón, el desastre no los detiene, al menos en un primer momento. Y mientras el paro sigue subiendo durante los primeros años de la década de los 10, a la vez que la administración se ve obligada a gastar enormes cantidades en rescates bancarios (que aún no tenían ese nombre), las estafas continúan; quedando para la historia el caso Bankia como ejemplo más evidente. Los abusos pasados impactaron con fuerza a una sociedad en la que el dinero nunca había sobrado.

Capítulo 14: ¿Austeridad? ¿Pero por qué?

Vamos a abandonar por un momento a España y a hablar más de Japón. Tanto en España al final del periodo de Zapatero como en el Japón previo a las reformas de Koizumi, se ve claramente que la evolución de la economía no había sido la esperada considerando las políticas tomadas. Esto se debió a tres factores.

El primero fue la trampa de la liquidez, que en palabras de Paul Krugman:

«es esa extraña condición en la que la política monetaria pierde su efectividad debido a que los tipos de interés son esencialmente cero, en la que la cantidad de dinero se vuelve irrelevante ya que dinero y bonos son perfectamente sustitutivos»

Esto se produce cuando los tipos de interés son muy bajos o parten de niveles bajos. Los tipos de interés en Japón partieron muy bajos para paliar el efecto del *endaka*, rozando cero después. En la Eurozona, sin embargo, al partir de niveles más altos, se mantuvieron a niveles algo más elevados, pero en clara caída: nunca superaron el techo del 4 % en el 2007, y de ahí descendieron a hasta el 1 %. En ese contexto la política monetaria no puede ser eficiente.

Pero para no marear al lector con cifras e ir al grano, la situación creada se explica de forma muy sencilla: no importa cuánto sea el tipo de interés si no sirve de nada pedir dinero. Imaginemos que tenemos una empresa. La crisis ha hecho mella en nuestro negocio y nuestros ingresos se han reducido a la supervivencia, impidiendo acometer nuevas inversiones y convirtiendo la mera idea de endeudarnos más en una quimera. En esas circunstancias, ¿qué importancia tiene para nosotros el coste de un nuevo crédito?

Ahora imaginemos una hipoteca con una (actualmente ilegal) clausula suelo (que establece un mínimo a pagar por parte del hipotecado independientemente de la evolución de los intereses), ¿qué lo mismo nos dará que los tipos de interés hayan bajado? La suma de estos ejemplos explica el problema que afronta la eurozona: en circunstancias excepcionales, los descensos de los tipos de interés no son relevantes. Las políticas de estímulo basadas en ellos, por tanto, no resultan efectivas.

El segundo factor del fracaso de las políticas de Koizumi y Zapatero es la ley de rendimientos decrecientes que también se aplica al capital público. Después de una época de enormes desarrollos urbanísticos e inversión en infraestructuras, las nuevas inversiones no podían producir grandes efectos: ya hay demasiados puentes, carreteras y edificios de todo tipo para que uno más marque una diferencia real en el desarrollo económico de un país. Hay que tener en cuenta que en los tiempos de Keynes y del *New Deal* americano no había ni la mitad de carreteras, puentes o infraestructuras en general que hay en la actualidad. Su creación entonces permitía una extraordinaria revitalización económica al facilitar la conexión entre industrias, el suministro de materias primas, el desplazamiento de los trabajadores y de la población en general... Hoy salvo raras excepciones, el impacto de una nueva infraestructura en el conjunto de la economía no es comparable.

El tercer factor de este fracaso fue enunciado por el economista japonés Kojima Akira. Para él, la crisis japonesa es estructural, y por lo tanto medidas anticíclicas, de corto plazo, no pueden resolverla. Si el sistema ha muerto y solo queda el esqueleto, tan solo el empleo de medidas de reforma estructural, de largo plazo, podría resolver la situación, tal y como sucedió en el *New Deal* en EE.UU. Esta es la tesis de Paul Davidson en su libro *The Keynes Solution: The Path to Global Economic Prosperity*.

Resumíamos antes el comienzo de la crisis económica en España y Japón. Como hemos podido ver, sus consecuencias en la economía nipona fueron mucho más benignas en los años 90. Pero de nuevo, como se ha evidenciado, el auténtico problema no es el estallido de la burbuja, sino el círculo vicioso que genera y que hace que unas recesiones sean más virulentas que otras.

La única forma de medición es mediante los préstamos de dudoso cobro de los bancos, que marca hasta qué punto están afectados.

El gran problema es que esa cifra es desconocida durante sus inicios, dado que tanto las autoridades como la banca saben que en muchos casos las crisis son una cuestión de confianza, y por lo tanto tratarán de ocultar dicha información lo máximo posible con la esperanza de mantener el sistema funcionando.

Además, de hacer los bancos completamente públicas sus cuentas, muchos de sus depósitos serían retirados, lo que impactaría su liquidez y resultaría en su verdadera quiebra. En un marco así las autoridades podrían verse forzadas desde a limitar la retirada de efectivo hasta compensar depósitos o permitir que los ahorradores pierdan su dinero, acentuando la crisis económica.

En 1992 en Japón, con la creación de la *Cooperative Credit Purchasing Company,* creada con la intención de resolver el problema de esos préstamos, se compraron a los bancos con problemas 1,3 trillones de yenes. Sabemos también que el problema no fue resuelto entonces, como muestran las cifras que finalmente se hicieron públicas en 1998. En Japón para el año 2002, los préstamos dudosos rondan los 53 billones de yenes, el 10 % del PIB japonés de ese año, según cifras recopiladas por Akioshi Hirouchi[50].

¿Y en España? Según el profesor de economía de la universidad de Valencia Joaquín Maudos:

---

50 *A Bank Crisis in a Bank-centered Financial System. The Japanese Experience since the 1990's.*

«Además de los activos de dudoso cobro, los activos problemáticos incluyen los catalogados como subestándar, los activos adjudicados, así como los fallidos. Según información facilitada en el informe de estabilidad financiera del Banco de España en octubre de 2010, el montante de estos activos problemáticos relacionados con el sector inmobiliario y la construcción asciende a 181 000 millones de euros, de los que 47.900 millones son de dudoso cobro, 57.600 millones son subestándar, 70 000 millones son activos adjudicados y adquiridos y 5.300 millones son fallidos. A pesar de lo elevado de la cuantía (en torno al 17 % del PIB y el 41 % de la inversión crediticia en este sector), el porcentaje de cobertura es elevado ya que alcanza el 33 % incluyendo las provisiones genéricas.

Un 17 % del PIB en el año 2010 como préstamos de dudoso cobro es una cifra muy superior a la de Japón en el 2002, tras unos doce años subiendo durante la crisis.

Así que las políticas neokeynesianas habían fracasado. Se había gastado mucho dinero en mantener a flote a una banca que no terminaba de levantarse y que pronto iba a necesitar más. La deuda, a la que tan alérgica es la UE, no dejaba de subir y la crisis no pasaba de largo. Había que hacer algo y la teoría económica solo era capaz de proponer una alternativa: las políticas neoliberales en forma de políticas de ajuste. Es decir, los famosos recortes.

Las políticas de ajuste tratan de solventar los problemas de un país, generalmente reduciendo el gasto del gobierno y liberalizando sus mercados. Estas políticas son fáciles de justificar en casi cualquier entorno de pensamiento económico. Ya que si bien un economista neokeynesiano nos diría que la crisis se vería agravada a corto plazo, a largo plazo la situación se vería mejorada.

Se trata por tanto de eliminar las trabas a los mercados tomando como principal traba al estado.

Este tipo de pensamiento volvió a coger fuerza a partir de los años 70, unido a la crisis sufrida por el sistema económico mundial creado tras la Segunda Guerra Mundial. Así diversos países a lo largo del siglo XX han realizado este tipo de políticas con la ayuda del FMI y otros agentes. Así tenemos los ejemplos de México (1995) y Corea (1997) entre otros.

Estas políticas han sido duramente criticadas por algunos economistas de renombre como Stiglitz, quien el periódico El País puso de moda para el público general en España[51], y sin embargo siguen siendo empleadas y defendidas por otros economistas importantes como Hayek. Pero considerando que estas políticas han sido probadas en diversos países, ¿por qué no se ha llegado a un consenso sobre sus efectos? Una vez más el debate resulta estéril porque:

Los que han perdido toda su fuente habitual de ingresos o parte de ella, frecuentemente se

---

51 *Stiglitz afirma que las políticas de austeridad condenan a los países a la debilidad,* El País, 3 de Junio de 2011

habrán beneficiado con las repercusiones de miles de cambios análogos llevados a cabo en otros campos y que han liberado recursos para un mejor abastecimiento del mercado. Y aun cuando a corto plazo el efecto desfavorable para ellos pudiera exceder la totalidad de los efectos indirectos favorables a largo plazo, el conjunto de estos efectos particulares - que siempre perjudicarán a algunos- mejorará probablemente las oportunidades de todos [...]Este balance positivo sólo se realizará si los efectos inmediatos, generalmente más vistosos, son sistemáticamente ignorados y si la política seguida apunta hacia la probabilidad de que todo el mundo se beneficie de la aplicación de todas las oportunidades de largo plazo[52].

Solo en el largo plazo puede comprobarse el efecto de dichas políticas, e incluso si tras un período de diez años no se ve mejoría siempre se puede considerar que la culpa no es de las políticas en sí, sino de la resistencia de las autoridades locales a implementarlas, es decir, de los políticos. Y claro, es muy fácil echarle la culpa a los políticos, aunque no la tengan por una vez.

Con razón o sin ella, algo había que intentar, y el electorado japonés de los 2000 estaba dispuesto a todo. Es así como llega al poder el pelazo del popular Koizumi con el lema de "Fuera santuarios". El objetivo principal de Koizumi era realizar una serie de reformas estructurales e internas que resolviesen los

---

52 F.A. Hayek, Law, Legislation and Liberty, Tomado de Guillén, Héctor, op. cit., p.27.

numerosos problemas de la economía nipona y las inercias del "triángulo de hierro".

En España la decisión vino de fuera, concretamente de la UE. Cuando en el año 2010 se vio claramente que la crisis no era de corto plazo, o al menos no tan corta como se esperaba, la Unión Europea presionada por los mercados comenzó a llamar a la disciplina a los diversos países de la Unión. Comenzaban las políticas de austeridad ya en tiempos de Zapatero.

La caída de ingresos y del crecimiento económico (-3,7 % del PIB en el año 2009), los planes de recuperación económica y concentración bancaria, y las políticas fiscales llevaron a España a tener un déficit del 11,1 % del PIB a finales del año 2009. Con un aumento de la deuda pública que se acercaba al 60,1%. Dado que la UE exigía un retorno al déficit del Pacto de Estabilidad para el 2013 (3 % de déficit), la imposibilidad de devaluar la moneda, y la creciente presión de los mercados sobre los tipos de interés de la deuda; las únicas políticas económicas "conocidas" eran las de ajuste estructural y devaluación interna.

En el año 2010, el IVA subiría en dos puntos al mismo tiempo que el estado congela los sueldos de gran parte del funcionariado y disminuye el número de nuevas contrataciones. También se llevaría a cabo una reforma laboral que entre otras medidas haría más flexible el despido, reduciendo el número de días por año cobrados como indemnización por despido.

El déficit consiguió reducirse al 9,2 % según cifras oficiales, pero el efecto económico de esta reducción del gasto se hizo notar. En el mismo año la cifra de desempleo llegaba al 20,1%, aunque el crecimiento económico aumentó llegando a -0,1 % en el mismo año. También aumentaron, por supuesto, los desahucios, el índice de suicidios y, como no podía ser de otra manera, las protestas, recogidas en varias huelgas generales y el movimiento 15M. Y esto no era más que el principio, ya que el futuro gobierno del PP, a pesar de su potente campaña electoral en contra de la subida del IVA, cogería el testigo de los recortes.

Tasa de desempleo

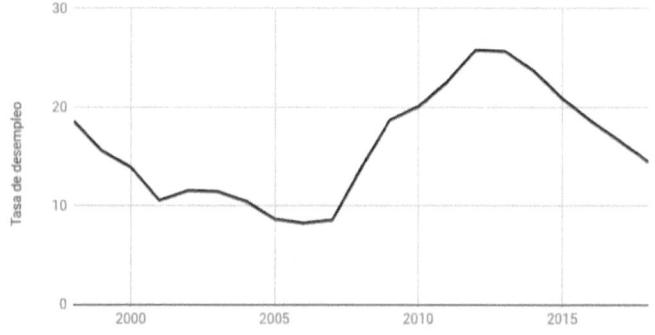

Capítulo 15: Y entonces llegó el rescate al que nadie llamó rescate

Si una persona fuese al kiosko el 12 de junio de 2012 sin tener muy clara la actualidad, habría podido pensar que algo se había roto en el continuo espacio-tiempo y dos realidades paralelas estaban ocurriendo a la vez.

Haciendo una ronda rápida, en la portada de El País se lee a cinco columnas un enorme «Rescate a España»; mismas cinco columnas y en grandes tipos, «Rescate a la banca» en la vanguardia; ABC se desmarca con una frase larga y algo confusa: «Europa financia a la banca sin condiciones para España». La Razón va un paso más allá: bajo los palos de una portería construida con elementos del escudo español, Casillas despeja un gol. Debajo se lee: «España despeja el rescate». Para acabar de confundir al pobre ciudadano, los normalmente antagónicos As y Mundo Deportivo deciden salir con la misma frase en su portada: «La roja, al rescate».

Menos mal que Marca siempre está ahí para evitar que el cerebro se sobrecaliente y decide resumir toda la actualidad con un sencillo y atemporal «¡Forza España!».

Pero hay entre todas esas portadas una que llama la atención por nadar y guardar la ropa, sin mojarse en un lado u otro. «100.000 millones de euros», clama la portada de El Periódico. Un cintillo superior explica que «Europa sale en ayuda de la Banca», mientras que un sumario detalla en cuatro puntos las «claves del rescate blando»: «España cede y pide fondos europeos para cubrir el agujero financiero», «el crédito se dará al Estado, que lo vehiculará a través del Fondo de Reestructuración Ordenada de la Banca», «La ayuda solo se condiciona a la reestructuración del sector» y por último «Los expertos confían en que el plan restituya el crédito y ayude en la recuperación».

¿Qué ha pasado? Es la pregunta de todos los lectores. Por suerte los detalles de El Periódico permiten hacerse una idea: Europa ha entregado 100 000 millones de euros (el 10 % del PIB, como se apresura a señalar el *lead* de El País) como línea de crédito para que España pueda destinarlo a la reestructuración de su sector bancario, con condiciones relacionadas directamente con la propia reestructuración bancaria. El crédito, eso sí, debe ser devuelto por el beneficiario, el estado español, al 3 % de interés.

También, según comunica el Eurogrupo, España entra en una vigilancia sobre su cumplimiento de la "consolidación fiscal", así como las "reformas estructurales" y "del mercado de trabajo". Semanas antes ha entrado en vigor la radical reforma laboral que lleva a una liberalización sin precedentes en la España moderna del despido, contestada por los sindicatos en una huelga general.

Resumiendo todo este tocho en vulgo, España había sido "rescatada", entendiendo como rescate que nos habían concedido un crédito a relativamente bajo interés a cambio de aumentar la supervisión y control externo sobre nuestra economía. Que es como llamar rescate a que el banco te conceda un crédito a sabiendas de que a lo mejor no lo puedes pagar y pensando en el beneficio que pueda sacar de un posible embargo. O sea, que más que "rescate", es un crédito un poco interesado.

Todo había comenzado unas semanas atrás, tras el puente del primero de mayo. Mientras todas las empresas cotizadas depositan sus cuentas ante la Comisión Nacional del Mercado de Valores, Bankia presenta sus resultados a los medios; unas cuentas relativamente positivas que arrojan un beneficio de 309 millones de euros. Pero, inusualmente, no se entregan al regulador: no están auditadas. Según la entidad, su auditora, Deloitte, necesita más tiempo para tenerlas listas "ante la complejidad del ejercicio". Pero para aplacar los nervios, matizaban que la auditoría se desarrolla "con total normalidad". Una excusa no pedida, una acusación manifiesta. Algo pasa con Bankia.

Los rumores se disparan y empieza un goteo, que crece a chorro y acaba en cascada, de noticias sobre la realidad de Bankia. Deloitte no quiere firmar porque no se cree las cuentas, BFA (la matriz y "banco malo" de la Bankia cotizada en bolsa) está sobrevalorada en al menos la friolera de 3500 millones de euros, sus empresas participadas están infladas también. El agujero económico de la entidad se hace más y más grande con cada información, mientras las acciones se despeñan en bolsa.

Finalmente, destapado el truco y fuertemente corregidas las cuentas, Deloitte firma sin salvedades unos resultados muy distintos: Los 309 millones de beneficios, cual carroza de Cenicienta tornada en calabaza, resultan ser 2979 millones de pérdidas para Bankia. Su matriz, BFA, se deja 3318. La entidad reconoce además la necesidad de provisionar[53] 4000 millones de euros en riesgo inmobiliario (propiedades con alto riesgo de devaluarse aumentando el agujero económico ante el pinchazo de la burbuja) y otros 5500 en riesgo no inmobiliario (donde se incluyen las hipotecas con riesgo de impago). El agujero es inmenso.

El presidente de la entidad, el ex ministro Rodrigo Rato, se ve obligado a irse por la puerta de atrás en medio de un escándalo que deja atrás los titulares económicos y empieza a ocupar los políticos: Bankia deberá ser saneada por el estado para evitar su quiebra. El otrora denominado por los medios artífice del "milagro económico" del inicio de siglo, dejaba tras de sí un pufo monumental que ponía en riesgo la propia viabilidad económica del país. Y para colmo el agujero de Bankia no viene solo. Se suma a los de las nacionalizadas CAM, Catalunya Caixa, Novacaixagalicia… Desde que en marzo de 2009 cayese Caja Castilla La Mancha, los rescates y fusiones ayudadas con fondos públicos se vienen sucediendo en cascada.

Los males no vienen solos, dice el refrán, y en economía no hay nada como que te vayan las cosas mal para que empiecen a ir peor: la necesidad de un posible rescate a España dispara la prima de riesgo, un

---

53 Ajuste contable que implica reservar dinero para futuras pérdidas o gastos.

término que durante meses forma parte de la cotidianeidad de los españoles, pues los medios la incluyen como si fuera previsión meteorológica desde que en 2010 subiese de los 100 puntos.

Con escasos altibajos, la escalada había continuado de esos 100 a alrededor de 200 antes del Bankiazo, pero ahora súbitamente se desboca y alcanza los 450, pulverizando marcas. Entre medias, el nuevo presidente de Bankia, José Ignacio Goirigolzarri, presenta un mareante recuento final del dinero que requiere su entidad: 23 465 millones de euros. Una cifra medible en puntos del PIB. El "rescate" era inevitable.

Pero sería incorrecto culpar de todo a Bankia. En enero el Financial Times publicaba una entrevista con el ministro de economía Luis de Guindos que se convertía en una bomba para el sector financiero: los bancos españoles tenían que recapitalizarse por valor de 50 000 millones de euros, o fusionarse antes de mayo con otras entidades para tener un año de gracia. En aquel momento de Guindos destacaba que esa recapitalización no se haría con dinero público, e instaba a la banca a beneficiarse de las condiciones crediticias del Fondo de restructuración ordenada de la banca creado tras la quiebra de CCM. Este ofrecía créditos en condiciones muy flexibles a la banca en apuros, a un interés del 8 %. Pero la debacle de Bankia revienta por los aires la capacidad de España de ofrecer ese tipo de ayuda.

Para evitar una catástrofe mayor, el acuerdo al que llegan España y el BCE, la Comisión Europea y el FMI improvisa un nuevo tipo de rescate que deja a un lado la ambición de financiar la totalidad de la economía del país y se centra en proporcionar los fondos necesarios al estado para mantener a flote el sector bancario. Este, sin embargo, se hace cargo de recibir y cobrar el dinero, lo que a la sazón le conviete en la víctima que asume las quitas a los bancos.

Al final, el acuerdo de junio de 2012 se materializa en un préstamo de 100 000 millones de euros, al 3 % de interés y a reembolsar a partir de 2022. A cambio, la economía española se ve forzada a realizar reformas estructurales y a someterse a la inspección periódica de los acreedores.

De aquel rescate, España finalmente decidió utilizar solo alrededor de 41 300 millones y el propio rescate fue transferido a finales de 2012 al recién constituido "Mecanismo Europeo de Estabilidad" (MEDE), dedicado al rescate directo de los bancos dentro del marco del supervisor bancario único del Banco Central Europeo. A ellos se deben sumar los créditos concedidos aparte del rescate para sumar más de 60 000 millones entregados a la banca, 22 242 de ellos a Bankia.

De ese monto total, cerca de 40 000 han sido ya dados por perdidos por el gobierno. Hacia finales de 2015 se habían recuperado unos 4000 millones de las entidades nacionalizadas, aunque aún queda la privatización de Bankia, que se ha retrasado hasta 2019, y que dependiendo de su resultado permitiría saber finalmente qué porcentaje final de este desaguisado quedará por siempre tapado con fondos públicos.

A pesar de seguir endeudándose a un ritmo acelerado y de no tener aún la obligación de proceder a su devolución, España ha realizado ya tres pagos para deshacerse del crédito/rescate antes de 2016: 1304 millones en julio de 2014, 1500 en marzo de 2015 y 2500 en julio del mismo año. Resumiendo mucho, el rescate de la banca ha sido un pésimo negocio para España. Y no solo eso, el rescate ha impedido la caída definitiva del sistema bancario, pero el famoso crédito ha seguido sin llegar a los ciudadanos y empresas, porque los bancos han seguido débiles y la economía no termina de despegar.

Ni siquiera la formalización del banco malo (más tarde conocido como SAREB[54]) conseguiría terminar de salvar la situación.

Y mientras estas noticias copaban los medios, en la calle desde 2012 se han ido fraguando movimientos sociales críticos con el propio rescate a la banca, con la posibilidad de que el mismo banco, rescatado con su dinero, les desahucie. Al calor de internet y las pujantes redes sociales, unidas a la actividad y el apoyo de grupos preexistentes, comienzan a surgir varios tipos distintos de movimientos y organizaciones, cada uno más fuerte y relevante socialmente que el anterior: primero el 15M, luego la PAH, más tarde Podemos. En los últimos años los movimientos de derechas han copiado estos métodos de movilización y han dinamitado aún más el antiguo sistema bipartidista.

Espoleándoles inconscientemente, el gobierno de Mariano Rajoy, al igual que antes el de Zapatero con la crisis, se negó a llamar a las cosas por su nombre y trató de vender pírricos éxitos económicos mientras la deflación amenazaba la UE y en el mundo se empezaba a hablar de "japonización global"[55]...

---

54 Uno de los problemas de este libro es que harían falta miles de páginas para explicarlo todo. Solo la historia del SAREB merece 300 páginas aparte. Por algo el economista Carlos Sánchez Mato lo ha definido como la mayor estafa del siglo.

55 *Japanization: What the World Can Learn from Japan's Lost Decades,*

Pero no son los rescates el único problema que acarrea la banca. En un intento de reducir costes y modernizarse comienza un proceso imparable de reducción del número de sucursales y empleados, tratando de llevar a sus clientes a la banca online y al empleo de los cajeros automáticos. Pero lo hace sin cambiar su estructura, servicios ni comisiones.

Como resultado, lo que parecía un excelente negocio acostumbra al público a utilizar servicios online, donde la competencia está a solo un click. Los clientes empiezan a pensar: "¿Por qué pagar tanto si nunca me atienden en la oficina?". Así, empiezan a proliferar en nuestro país las Fintech (acrónimo de "financiera-tecnológica" en inglés y que se refiere a compañías de servicios bancarios que basan su modelo, a lo *Sony Ginkou*, en una estructura casi totalmente digital que simplifica su funcionamiento y minimiza costes).

Estas nuevas compañías permiten realizar más barato transferencias internacionales (como Transferwise, ahora conocido como Wise), compra – venta de acciones (Degiro) o incluso solicitar/dar préstamos a cualquier usuario (el llamado "crowdlending" con compañías como la empresa lituana Mintos o la española Zank). Por no hablar de las famosas criptomonedas, con las que los diversos estados del mundo todavía no saben qué hacer. Su avance, debido a su comodidad y menores costes para el usuario, parece imparable.

Para colmo de males, la banca todavía no ha completado su reestructuración, porque las numerosas fusiones habían incrementado de tal manera la red de los bancos supervivientes que se podían encontrar calles en las que el mismo banco tenía dos o más oficinas. De ahí que en abril de 2016 circulase la noticia de que BBVA iba a reducir en un 75 % el número de sucursales en España, 2800 en total; por no hablar de la absorción de Banco Popular por el Banco Santander. Desde el principio de la crisis hasta el año 2019, la banca ha despedido a 112 150 trabajadores[56].

¿Y en Japón? ¿Acaso no fue rescatado? La respuesta sería: "sí, pero no" o "no, pero sí". El "Programa para la Resurrección Financiera" de 2002, del que ya hemos hablado, fue un rescate en toda regla, pero con una diferencia: nadie prestó el dinero a Japón. La economía japonesa disponía de amplias reservas de su época boyante, que empleó en los mismos métodos que España: creación de un banco malo, fusiones apoyadas por el estado y recortes presupuestarios. La diferencia es que Japón fue capaz de pagar los costes de todo este proceso sin la ayuda ni la presión de los organismos internacionales.

---

56 *La banca española suma 112.150 despidos desde el inicio de la crisis*, ABC online, 26 de junio de 2019

Capítulo 16: ¿Realmente nadie lo vio venir? Pregunte en internet

Bien, llegados a este punto es fácil pensar que digamos lo que digamos, esto no se veía venir. Todos apostábamos por lo mismo, hasta los economistas de mayor prestigio lo hacían, ¿o no? Lo cierto es que no. Aunque durante la época de la burbuja hubo muchos que defendieron lo indefendible, no siempre fue así, hubo españoles como el doctor en economía de la Universidad de Murcia José Francisco Bellod Redondo, que ya advertían del desastre. En algunos casos, medios pequeños y sin vinculación al ladrillo, como Canal 54 en Burgos, advertían ya en 2006 de los riesgos que se advertían y del desastre que podía suponer.

Y no se trataba siquiera de palabras de los economistas o los medios. En el 2003 el mismo Banco de España ya avisó del riesgo, pero como el desastre no se produjo, muchos se olvidaron del mismo o simplemente decidieron ignorarlo. Pero a estas alturas está claro que muchos análisis erraban, minimizando los riesgos, mientras muchas administraciones se aprove-

chaban de la burbuja y muchos políticos simplemente
se beneficiaban directa e indirecta, legal e ilegalmente,
de la situación. Y por eso es mejor que no hablemos
de las altas esferas, sino del hombre de a pie. Políticos
y empresarios proveyeron la oferta, el hombre de a pie
la demanda.

Abría este libro con una cita extraída de un libro
editado en el año 2004 por el portal inmobiliario idea-
lista.com. Conocidos por ser innovadores en el campo de la vivienda, publicaban entonces un libro que
resumía el debate hasta entonces y que plasmaba en
sus páginas el pensamiento de muchos. A este libro, al
que se le pusieron trabas para ser publicado, le titula-
ron: *La burbuja inmobiliaria; como saber si vender o comprar
ahora*[57].

La realidad que plasma es que a pie de calle también
hubo un gran debate sobre lo que estaba pasando en
España en los años de la burbuja inmobiliaria, y una
de las ventajas de las nuevas tecnologías es que ha quedado constancia del mismo. Un debate que duró años,
que fue duro entre los denominados *nuncabajistas* y los
burbujistas.

Este debate, todavía plasmado a fuego en internet
pero desgraciadamente poco conocido, es especialmente interesante en este caso como muestra fidedig-
na de lo que muchos pensaban en aquella época.

Los *nuncabajistas*, como su propio nombre indica,
consideraban que no había burbuja inmobiliaria, que
el precio de la vivienda nunca bajaría y que había que
comprar fuese como fuese.

---

57 *La burbuja inmobiliaria, Cómo saber si comprar o vender ahora*, Idea-
lista.com, edición de 2016

Su forma de ver la situación se podía resumir en estos puntos:

1. La vivienda nunca ha bajado, y no lo hará.
2. Alquilar es tirar el dinero.
3. La hipoteca es una inversión.
4. Siempre se puede refinanciar.
5. Si no te metes ahora, no vas a poder meterte nunca.
6. Los pisos no van a bajar, porque eso no le interesaría/beneficiaría a nadie.

Su pensamiento se ve reflejado en este comentario de un usuario recogido en el libro:

miércoles 13 octubre 2004, "pofesioná" dijo

"En mi santa ingenuidad me gustaría que me aclararais esta situación-tipo: préstamo de 200 000 euros = 843 euros de letra a 30 años. El piso lo compra una pareja que suma 2500 euros netos de salario: él, con contrato indefinido (1.500), ella con temporal (1 000). Ambos cuentan con ayuda familiar para momentos puntuales de apuro. Esta es una situación de lo más habitual a la hora de comprar un piso (ni hablo de salarios astronómicos ni de una estabilidad total). Tienen dinero y una situación para pagar el piso de sobra. Para no ser así tendrían que echarlos a los dos del trabajo y que no encontraran otro en mucho tiempo. ¿Alguien me puede explicar cómo puede convertirse en morosa esta parejita (debacle económica,

megacrack burbujil, etc)? Gracias. Aclaro que el 40 % - 50 % aproximado de compradores obedece a este perfil. Alrededor de un 40 % es gente «pudiente» que pide préstamos menores o incluso compra al contado y sólo un 10 % se haya en situaciones de mayor riesgo (aunque la gran mayoría jamás tendrá problemas de ningún tipo para pagar).

En este comentario se plasma realmente el gran fallo. Por el lado de la demanda realizada por la gente normal, no se vieron los riesgos más evidentes. La ideología de la compra de casas es heredada de la época de Franco y por tanto muy arraigada en la mentalidad de las personas de la generación del *baby-boom*, que habían nacido en malos tiempos, pero siempre los habían superado.

Cuando sus hijos heredaron esas ideas, perdieron la memoria histórica que les habría dicho que sus padres no habían estado pagando durante tanto tiempo, que ya había habido crisis inmobiliarias antes, que de vez en cuando hay crisis catastróficas en las que todos pierden el empleo, que los contratos fijos ni eran ya entonces tan fijos ni tan comunes...

Pero sobre todo lo que se olvidó fue que no existe en España la dación de pago, ni ha existido nunca. Al contrario que en EE.UU. no se puede dar las llaves de la casa al banco e irse. La casa se vende a subasta y lo que sobre sigue siendo deuda para el que ha pedido la hipoteca y para el que le avala. En un mercado a la baja lo más probable es que la falta de dación de pago lleve al desastre.

No ayudó en este caso que frente a la contención de las hipotecas con dación en pago americanas, que financian un porcentaje de la vivienda, en España se optase por un modelo que en muchos casos no solo cubría el 100 % del coste, sino dinero extra para mobiliario y otros costes, en una carrera suicida de las entidades pequeñas, especialmente cajas, por ganar clientes.

Por supuesto el comprador no es el único responsable, pues los bancos se encargaron meticulosamente de no contar la letra pequeña de sus contratos. Es de reseñar que uno de los grandes fallos durante (y después de la burbuja), como resaltó el periódico El País en un reportaje de 2016 sobre errores a la hora de comprar una vivienda[58], es que la mayoría de españoles no acudían a un abogado o algún tipo de especialista al comprar una casa, a pesar de ser una transacción de miles de euros, probablemente la mayor de su vida.

Sería justo añadir que tampoco acudían ni acuden a alguien que sepa de matemáticas financieras. Porque uno de los problemas de los compradores de pisos, es que muchos creyeron que si refinanciaban al doble de tiempo pagarían la mitad de hipoteca, algo que es totalmente falso.

Es importante resaltar que, de nuevo, este libro no está en contra de la compra de vivienda, pero sí de su visión como una obligación que cumplir en la vida, casi como puede ser renovar un D.N.I. La compra de vivienda es una inversión, que incluye un riesgo y ha de tratarse como tal. No deja de resultar irónico, visto

---

58 *Hipotecarse con el novio y otros nueve errores al comprar una casa*, El País, 2 de enero de 2016.

con perspectiva, que si se habla de invertir dinero en bolsa, al ciudadano medio se le pongan los pelos de punta (aunque sean cantidades irrisorias), y no lo hiciera con la compra de una vivienda, ya que aun cuando su percepción tiene un componente de necesidad del que carecen las acciones, sigue siendo una arriesgada inversión que meditar con calma y asesoramiento.

Volviendo a los *burbujistas* y *nuncabajistas*, otra gran verdad que los bancos no contaron a sus clientes fue que los tipos de interés acabarían subiendo. En una Europa cuyo objetivo es mantener una inflación no superior al 2 %, objetivo público declarado del Banco Central Europeo, en algún momento era inevitable que subieran los tipos de interés. Y la idea tan arraigada de pagar lo mismo de hipoteca que de alquiler resultaba absurda en ese escenario. Como consecuencia de aquellas esperables subidas, numerosos hogares españoles encontraron problemas para pagar cuando subieron los tipos un poco antes de la crisis, tal y como cubrieron profusamente los medios.

Los *burbujistas* ya lo previeron en la famosa historia de "Pepito Relámpago"[59] de Alberto Noguera: Pepito es un joven que compra a 30 años con una hipoteca que se lleva el 70 % de su sueldo y con aval de sus padres. En cuanto suben los tipos de interés comienza a tener problemas, pero una vez que lo despiden la situación es terrible… En el año cumbre de la burbuja, 2006, esta historia trazaba un futuro muy posible que se tornó desgraciadamente cierto.

---

59 *Siempre puedo refinanciar*, Albertonoguera.com, 25 de mayo de 2006

Pero claro, la generación anterior había comprado casas, incluso algunos en plena burbuja de los 80, y había sobrevivido, no solo eso, si vendiesen su casa serían ricos. Es más, en 2006 hacía 8 años que los precios subían con fuerza, mientras los *burbujistas* llevaban 4 años vaticinando cual agoreros un desastre que no llegaba. Pero claro…

Los últimos de la denominada "generación X" y los primeros *milennial*, como herederos de la generación del *baby boom*, considerábamos antes de la crisis que viviríamos mejor que nuestros padres. No consideramos, ni los medios, centrados en la actualidad inmediata, recogían, el hecho de que hacía décadas que los salarios reales estaban bajando, los contratos eran cada vez menos estables, y el mundo sufría un paradigma más y más liberal, caminando decididamente hacia un modelo de trabajo más flexible y, por tanto, precario.

¿Cómo verlo? Todo el mundo era más rico, y si no lo era, con los bajos tipos de interés y comprando a plazos se podía vivir la fantasía de serlo. La gente normal no vivía por encima de sus posibilidades (a pesar de que los bancos prestaban a lo loco, todo tenía unos límites), pero apostaba al mismo caballo perdedor que el resto del país.

Otra gran historia que plasmó la situación es la de "Don Paco Quetequejas", escrita un año después de la de "Pepito Relámpago", en 2007[60]. Don Paco es el tío de Pepito, y compró su casa en 1990. Don Paco pagaba entonces casi la mitad de su sueldo en hipoteca, pero con su trabajo y con el tiempo ha conseguido

---

60 *Historia de dos burbujas: Paco Dequetequejas vs Pepito Relampago,* burbuja.info, 28 de abril de 2007

que ese pago sea solo un 20 % de su sueldo, y ahora su casa está valorada en 275 000 €, toda una fortuna. Así que Don Paco no ve por qué los jóvenes de hoy en día no siguen su ejemplo, lo pasarán mal unos años, pero son jóvenes y acabarán triunfando como él. Así que Don Paco convence a Pepito...

Don Paco Dequetequejas es la voz de la experiencia... Si tuviese unos mínimos conceptos de economía y se detuviera a pensar, quizás se daría cuenta de que la inflación galopante y los correspondientemente abultados aumentos de sueldo de la época, junto con la caída de los tipos de interés, fueron los responsables de que su cuota se redujera rápidamente. No fue su habilidad como economista ni su esfuerzo como trabajador.

(...)

Don Paco Dequetequejas, sin saberlo y con toda la buena intención del mundo, ha condenado a su sobrino Pepito a una vida de esclavitud. Y Pepito se ha puesto el mismo las cadenas y ha arrojado la llave al mar. Por suerte o desgracia, aun no se han dado cuenta, pero el momento fatídico tarde o temprano llegará. Al fin y al cabo, los números no mienten.

¿Cuántos Don Paco y Pepito conocíamos entonces? Seguro que unos cuantos.

Pero los números no cuadran. Muchos vieron durante la burbuja crecer su patrimonio, sí, pero olvidaron el punto 3 de los *nuncabajistas*, la casa como inversión. Si en la época de la burbuja muchos Don Paco hubiesen vendido sus viviendas, habrían tenido unas abultadas cuentas bancarias que, manejadas con un poco de sabiduría, nunca habrían podido gastar (y de paso habrían pinchado la burbuja antes de lo que ocurrió, lo que habría sido una bendición).

Pero eso implicaría volver a vivir de alquiler, lo que "es tirar el dinero", y además, si la vivienda nunca baja, venderla en cualquier momento es perder dinero. De nuevo, nos encontramos ante un problema de miras y filosofía. A pesar de todo lo elaborado que llegó a ser el pensamiento *nuncabajista*, no fue más que una elaborada justificación.

La verdadera razón por la que en España la clase media compra casas es para vivir en ellas y para poder dejar una herencia tangible a la próxima generación, una idea que no carece de sentido pero que no consideró los nuevos tiempos. La caída de los salarios implicaba, e implica, que la próxima generación no pueda seguir el ritmo de sus padres, mientras el incremento de la esperanza de vida implica que esas casas no las disfrutarán ya sus hijos, sino unos nietos de padres endeudados.

Mientras, el nuevo modelo económico liberal prima la movilidad laboral de los trabajadores y un modelo de trabajo "flexible" que impide que a las actuales generaciones plantearse un modelo de vida a 40 años, como sí sucedía antes. Además, nuevos riesgos al trabajo, como la fuerte robotización en los próximos años y la *japonización* de la sociedad, con porcentajes cercanos a la mitad de la población en su senectud, suponen elementos añadidos de incertidumbre ante el futuro.

DAVID GUTIÉRREZ VARONA
RICARDO CEBRIÁN SALÉ

Capítulo 17: ¿Y si no hacemos nada? la hucha de las pensiones

Finalmente en el año 2016 España tuvo que enfrentarse a una dura realidad: la hucha de las pensiones se agotaba. Los medios de comunicación nos han bombardeado con este hecho. Se ha acusado a Mariano Rajoy en su momento y a Pedro Sánchez después de querer acabar con el sistema, de despilfarrar los recursos de los españoles. Y esta vez no hay periódico que de la noticia con matices, porque, efectivamente, parecía que un año de estos se habría agotado la famosa hucha de las pensiones.

¿Pero qué significa eso realmente? ¿Es el sistema de pensiones insostenible y hay que abolirlo o por el contrario no es más que puro alarmismo?

A estas alturas del libro, el lector podrá adivinar que España, como muchos otros países, está siendo víctima de la *japonización*. Al colapsar la sociedad para la que se creó el sistema de pensiones, gran parte de nuestros mayores no van a tener más remedio que continuar trabajando, bien sea porque la pensión es insuficiente, como en el caso de Japón, porque la pensión no da para pagar las medicinas necesarias para sobrevivir a la vejez, como en EE.UU., o porque el sistema no es capaz de garantizar las pensiones a sus ciudadanos, como parece que es el caso de España.

De este problema ya estábamos avisados, y no hace falta buscar grandes académicos; ya lo decía Michael Moore en su documental *Sicko*, o Robert Kiyosaki en su libro sobre la crisis de 2016[61], escrito hace 8 años. En el documental de Michael Moore podemos ver algún ejemplo de lo que puede que se convierta en la realidad habitual en muchos países del mundo. Como la historia de Frank Cardile, que al igual que Jin Matsushita, es todo un trabajador de supermercado a sus 79 años. Frank Cardile, a pesar de tener seguro médico no puede pagar sus medicinas, por lo que tiene que seguir trabajando.

En España el problema sistémico es diferente. De hecho, el que se rompa o no la hucha de las pensiones no cambia nada. Porque la hucha de las pensiones no es parte de la solución, sino del problema.

El sistema de protección de los trabajadores que es la Seguridad Social se creó en la época de Franco y su situación actual ha sido cristalizada por el Pacto de Toledo de 1995 que firmaron todos los partidos. Aunque los medios de comunicación no hablen de ello, lo cierto es que este sistema está ligado al de protección por el desempleo (aunque son partidas diferentes del presupuesto e impuestos diferentes). Es decir, España tiene una serie de mecanismos para proteger a los

---

61 Los autores de este libro no pondrían a Kiyosaki como ejemplo de casi nada, pero es verdad que lo dijo.

trabajadores en sus momentos más vulnerables, y se basan, implícitamente, en los siguientes supuestos:

1. Todo español tiende a tener en algún momento un empleo o actividad económica fija, y solo una. Esa actividad requerirá de un mínimo de inversión alto (como puede ser un local o un camión) para que exista.
2. Al ser una actividad económica fija, se cobrará más al final de la vida laboral que al principio (debido a la experiencia, la inflación o ambas).
3. Cualquier problema económico será por circunstancias puntuales ajenas al trabajador, por lo que ha de ser protegido en ese momento.
4. Todo español será protegido en la vejez de la imposibilidad de trabajar mediante un sistema de pensiones que estará relacionado con el dinero que el trabajador aporte a la Seguridad Social.
5. Los españoles en edad activa que puedan trabajar, pagarán lo necesario para que sobrevivan los españoles que no puedan por los supuestos 3 o 4.

Esto solo indica las suposiciones y aspiraciones de la sociedad española, algunas heredadas de la época de la dictadura sin darnos cuenta. Trabajo estable y permanente, una población joven que pudiese mantener las pensiones, y crisis puntuales en la economía. Los políticos que firmaron el Pacto de Toledo no fueron capaces de ver que la sociedad española no iba por ese camino, pero ni siquiera el más optimista era capaz de esconder lo que la pirámide poblacional de cualquier clase de Geografía de aquella época mostraba: la generación del *baby boom* había tenido menos hijos que sus padres. El caso 5 estaba en entredicho. Algunos pensaron en hacer políticas para fomentar la natalidad, otros en tratar de atraer más inmigrantes, pero estaba claro que entretanto había que preparar algo. Su idea: el fondo de reserva, más conocido como hucha de las pensiones.

El Fondo de Reserva de la Seguridad Social se nutría de los superávit de la Seguridad Social para asegurar la viabilidad de la misma en caso de problemas puntuales. Como parte del modelo previsto se podía invertir parte de él en deuda pública soberana de países seguros, como es por ejemplo la deuda alemana. Mientras la economía iba bien el fondo recibió dinero suficiente, y cuando comenzó la crisis el Fondo no tuvo demasiados problemas para mantenerse. Por un lado los problemas del desempleo continuado todavía no se notaban, por otro la crisis había hecho que los bonos alemanes comenzaran a subir de precio. El gobierno del PP vendió los bonos alemanes y compró deuda española, con lo que hasta 2012 no empieza a verse lo que era un final inevitable.

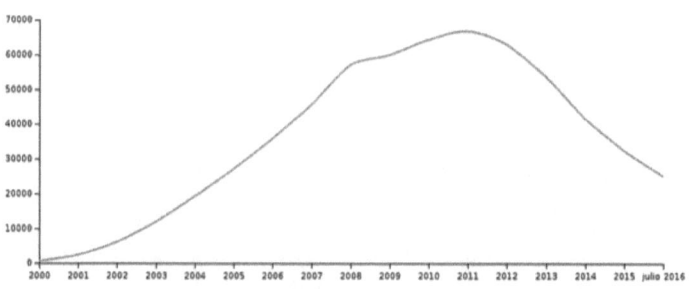

*Evolución del Fondo de Reserva de la
Seguridad Social en millones de euros*

A partir de ese momento las políticas de activación de empleo, como la tarifa plana de la Seguridad Social para los nuevos autónomos, y la reducción alargada en el tiempo del número de cotizantes, junto a las jubilaciones en la generación del *baby boom* (que cotizaron más que sus padres y tienen pensiones más abultadas) han dejado a la Seguridad Social abandonada a su déficit permanente.

A pesar de que se ha atribuido la compra de bonos españoles por parte del Fondo de Reserva como estafa manifiesta por algunos periódicos extranjeros como el Wall Street Journal[62], lo cierto es que esta decisión tenía sentido. El tipo de interés de los bonos alemanes se había ido al garete, su precio subía, y la deuda española no hacía más que crecer. Pedir dinero prestado cuando tienes en el bolsillo es absurdo, así que lógicamente Rajoy decidió pagarse a sí mismo los intereses. Al fin y al cabo, el dinero de la Seguridad Social también es dinero de todos, y si el estado es alguna

---

62 *Spain Drains Fund backing pensions*, Wall Street Journal, 3 de enero de 2013

vez intervenido al estilo de Grecia, las pensiones serán recortadas sí o sí.

El PP hizo lo que podía con una hucha que nunca tendría que haber existido, porque el Fondo de Reserva no resolvía el gran problema coyuntural del sistema de pensiones español. La crisis económica no ha hecho más que mostrar lo evidente, las asunciones sobre el sistema de protección al trabajador no concuerdan con la sociedad actual.

No es que el sistema no sea sostenible porque se acabe la hucha. Como ya hemos dicho, el dinero de la Seguridad Social es el dinero de todos, si ese fuese el problema bastaría con que pasase a los presupuestos generales con todo lo demás (como se hace en otros países). Pero la razón por la que el estado no puede asegurar las pensiones a los mayores no es solo esa. No se trata solo de presupuestos, sino de normativas. Y esas normativas se basan en los supuestos anteriormente citados.

En una sociedad en la que una gran parte de la población pasa de un trabajo a otro, la inversión mínima para muchos trabajos de autónomo es un ordenador portátil, los salarios no hacen más que reducirse y el paro es endémico, por narices el sistema no puede proteger a gran parte de la población. No fue constituido para ello. ¿Ejemplos? La cuota mínima de autónomos de casi 300 € mataba cualquier negocio pequeño basado en Internet y resulta complejo tener un trabajo por cuenta ajena y una actividad económica. ¿Más ejemplos? Hasta hace poco los últimos años cotizados cuentan más para la pensión que los demás, en un sistema en el que cada vez se cobra menos no van a ser pocos los perjudicados. ¿Otro ejemplo? La prestación de desempleo no preveía casi una década de crisis económica...

¿Es el sistema de pensiones español inviable? Sí, sin duda. Y vamos directos a la japonización, sobre todo si lo mejor que se le ocurre a nuestro gobierno es promover que los mayores trabajen[63]. Ya hemos visto las consecuencias de estas ideas en Japón, no creemos que haga falta hablar más del tema.

¿Significa eso que no hay nada que hacer y debemos abolir las pensiones? Todo lo contrario. Significa que hay que modificar la sociedad en la que se basa el sistema, ajustar los supuestos en los que se basa el sistema de pensiones para que case con la situación actual, o ambas cosas. Sería criminal, y absurdo, permitir que algo que es justo desaparezca por falta de imaginación. Especialmente porque para los que tengan falta de imaginación ya hay algunas soluciones propuestas.

No se trata de políticas de derechas o de izquierdas (aunque con la excepción de Andrew Yang, quienes suelen defender algo así son muy de derechas). Desde el siglo XIX se han realizado numerosos experimentos sociales y económicos por países de todo tipo de ideologías. Ha llegado el momento de aprovechar esos conocimientos. ¿No nos gusta la renta básica? Maravilloso, propongamos algo diferente pero que se enfrente al problema...

---

63 *El Gobierno quiere hacer compatible el cobro del 100% de la pensión con un empleo*, El Mundo, 20 de octubre de 2016

Capítulo 18: Y después qué

A estas alturas y después de leer numerosas páginas, datos, palabras complejas en japonés (y en español) estamos seguros de que el lector se preguntará lo que en el fondo nos preguntábamos todos hasta que llegó la pandemia. ¿Pero ha acabado ya la crisis? ¿Cuándo volveremos a la normalidad? Tanto nuestro gobierno y los partidos políticos como los ciudadanos de a pie están esperando el día en que puedan dar la gran noticia: «misión cumplida, los años de escasez han terminado».

¿Cuántas veces habremos leído en los periódicos datos alentadores sobre la mejora en el precio de las viviendas, del desempleo, del crecimiento económico o simplemente de la entrada en la cárcel de algún político corrupto? Según cuál consideremos el elemento principal de nuestra pequeña receta para la crisis consideraremos más importante una u otra noticia y, mientras, miraremos alrededor en busca de signos de mejora.

La respuesta desde estas páginas es bastante simple. En Japón, en el año 2008, 18 años después del inicio de la crisis, no estaban mucho mejor. El país era estable, pero también lo eran la deuda, la deflación y el paro. Hemos tomado el 2008 como un buen momento para pausar nuestra comparación porque varios desastres que asolaron a Japón a partir de entonces son difícilmente repetibles. Un tsunami provocaría uno de los mayores accidentes nucleares de la historia en el 2011 mientras una crisis internacional dejaba pocas expectativas a la maltrecha economía nipona. La tinta de las reformas de Koizumi aún estaba demasiado fresca cuando llegaron estos desastres y aún hoy no se sabe si sus medidas sirvieron de algo.

Los japoneses del año 2000 buscaban signos de mejora tanto como nosotros, y al igual que nosotros los encontraban donde hiciese falta. Pero ese no era el auténtico problema. Igualmente, el auténtico problema de España no es la corrupción, ni las cifras de venta de viviendas, ni mucho menos el número de dígitos que tenga el crecimiento económico.

A pesar de todo, las políticas estándar aplicadas en ambos países cumplieron su objetivo principal: no hubo un colapso de la economía como lo fue la crisis del 29 en EE.UU. Y la falta de ese colapso ha hecho que todas las personas que no se han visto realmente afectadas por la crisis se comporten igual. ¿Por qué deberían cambiar su estilo de vida si todo sigue igual? Porque efectivamente para millones de personas en España y Japón no había cambiado nada. A rasgos generales seguían los mismos políticos, los mismos empresarios, las mismas tiendas, las mismas expectativas. Más allá de las noticias, al padre con hijos universitarios no le gusta que sus hijos vayan a trabajar al extranjero si no es necesario. El político no entiende por qué la nueva obsesión con la corrupción, y se siente perseguido y acosado por ejecutar prácticas que hasta hace poco no hacían fruncir ningún ceño cuando ve como sus votantes no se escandalizan tanto como los medios. El abuelo sigue recomendando a sus nietos comprarse una casa si tienen trabajo fijo.

No hablamos de los que la crisis ha destruido porque nadie se apiadará de ellos, a los afectados por el paro y los desahucios se les dejará morir como se ha hecho siempre, y ahí Japón no ha sido una excepción. Pero la clase media que espera el final de la crisis viendo que era posible sobrevivir y que el mundo no se ha derrumbado, representará un problema para la sociedad en la que vive: aunque ella no haya cambiado sus costumbres, el mundo sí lo ha hecho.

Esa es la gran lección proveniente de Japón. Una vez que se vio que el paro no subía más y el mundo continuaba girando, la clase media, aunque de forma tímida, comenzó a gastar y a exigir a sus descendientes que hiciesen aquello para que lo que habían nacido: ser buenos ciudadanos, casarse, tener hijos, tener un empleo para toda la vida.

En Japón, el momento crítico es la salida de la Universidad. Durante el último año de Universidad los japoneses se dedicarán a buscar su primer trabajo serio, intentando que sea también el último. Aquellos que no lo consigan tienen un 90 % de posibilidades de no hacerlo nunca, y tal es el estrés que esto provoca que durante años varios de los mayores bestsellers de Japón tenían títulos del estilo de: "*¿Cómo evitar que tu hijo se ponga a llorar durante la búsqueda de trabajo?*".

Aquellos que no consigan ese puesto de trabajo estarán condenados a ser perdedores, *furitaa*, para siempre, pero la sociedad nipona no tiene en cuenta que para muchos simplemente no es factible otra elección. En un mundo en el que existe el paro, exigir a todos esos jóvenes que pasen semejante prueba es imposible. No importa cuánto se esfuercen, no hay trabajo fijo para todos.

De ahí que se sucedan las discusiones familiares durante ese año y que miles de japoneses salgan a la calle con traje de camino a entrevistas ficticias. Aquellos que no lo consigan, los perdedores, encadenarán una larga serie de contratos temporales que no tendrían por qué ser un problema de no ser porque la propia legislación japonesa no está preparada para su existencia. La sociedad tradicional demanda trabajo fijo, ¿por qué hacer leyes para los temporales, los perdedores?

Cualquier español que lea estas líneas dirá que la sociedad española no es tan estricta. Y es cierto, ¿o no? Para los expatriados, y los autores de este libro lo hemos sido, no es algo tan claro. Tienen trabajo sí, pero su existencia, tanto legal como moral no termina de estar reconocida. Los españoles que viven en el extranjero pueden encontrarse al volver con falta de Seguridad Social, con dificultades para numerosos trámites administrativos que suponen que han vivido siempre en el país y en el mismo sitio.

Los cientos de miles de españoles en el extranjero no están ni representados políticamente ni realmente aceptados, su derecho al voto ya es de por sí discutible dado las trabas administrativas, y su situación es cuanto menos delicada. No solo eso, España ha sido uno de los países que más ha apoyado las medidas anti inmigración en las últimas décadas, algo que podía tener cierto sentido en la época de bonanza, pero que una vez empezada la crisis es una política contraproducente.

En el periodo de 2010 a 2014 el número de extranjeros censados se redujo en 700 000 personas, mientras que el número de emigrantes aumentaba, por lo tanto España está tratando de evitar la entrada de gente que no quiere venir al país salvo para llegar al resto de Europa mientras deja desprotegidos a su creciente número de ciudadanos en el extranjero. Cuando en 2012 la secretaria general de Inmigración y Migración, Marina del Corral, decía aquello de que «los jóvenes se iban en gran parte por impulso aventurero», manifestaba la incomprensión del país hacia todo un colectivo.

Más adelante explicaremos por qué esta perspectiva es totalmente errónea, pero sí adelantaremos una consecuencia: cuando varios países de la UE se han planteado restringir la entrada a los españoles en su territorio, no han tenido un gobierno que los proteja y, para colmo, han basado sus reclamaciones precisamente en las excepciones que el gobierno del PP pidió con respecto a los trabajadores rumanos en España.

Pero en el interior de España, ocurre o va a ocurrir lo mismo. ¿Qué sucede con todos los hijos de la clase media que no han conseguido el "sueño español", que pasan del paro a la precariedad de los tan extendidos "falsos autónomos" y de ahí a un contrato temporal? Esas personas van a tener sobre sí todo el peso de una vida que no es siempre factible. A pesar de la crisis, la burbuja inmobiliaria y los desahucios, los padres de varias generaciones siguen exigiendo a sus hijos que se compren casas, que no sean tontos o al envejecer no tendrán nada, cuando en un mundo de flexibilidad laboral como el que tenemos tras las reformas, esto es sumamente arriesgado. Pero cómo, dicen esos mismos padres: «¿Acaso fulanito no tiene trabajo fijo? Y mira la casa que se han comprado».

Los que tengan suerte vivirán el "sueño español", al resto les toca la lotería de la incertidumbre económica unida a la reducción de los salarios reales y la, ahora sí, tremenda subida de los precios de los alquileres que sufre España desde 2016. Lo que queda de Japón y lo que quedará de España no es más que el esqueleto de su antiguo sistema económico. Un muerto en vida, un zombi que no puede sostenerse a sí mismo. Y exigirle a un zombi que se comporte como antes de que se iniciara su vida no muerta, es absurdo. Es olvidarse del simple hecho de que del 2008 al 2022 los salarios reales han perdido un 12,8 % de poder adquisitivo en España[64]. Por no hablar de que para 2022 España era el país con el mayor paro juvenil de Europa, nada menos que un 30 % y el debate en Internet ha pasado de ese "sano" comprar o no comprar a algo bastante más desastroso. En 2015 eran habituales las discusiones en las que personas de unos 30 años indicaban lo duras que eran las condiciones de vida y lo difícil que era vivir sin compañeros de piso (ya fuese con alquiler o comprando) y las tremendas dificultades del mercado laboral, mientras personas de más de 40 decían que no veían el problema y que si ellas habían prosperado el resto podía. Para el 2023 estas conversaciones se han convertido en personas de 40 quejándose de lo mismo

---

64 *Los salarios reales han perdido un 12,8% de poder adquisitivo desde la crisis de 2008*, The Objective, 9 de diciembre de 2022

mientras personas de más de 50 no entienden lo que pasa...

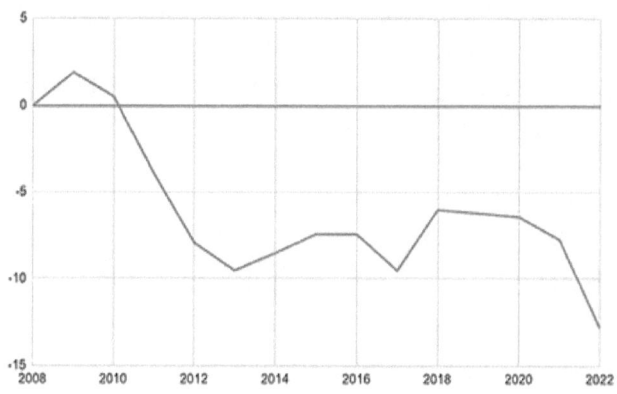

Evolución de los salarios reales en porcentaje. Fuente: CCOO a partir de datos del INE

Se consiguió mantener al zombi con reformas económicas que han liberalizado el sistema, con el modelo americano en la cabeza, pero solo por un lado (por el del despido y los bajos salarios) y no por el otro (por la posibilidad de cambiar de trabajo, de ciudad y estado con facilidad[65]). Esto no solo es injusto, es suicida. Pero es que ni la sociedad nipona ni la española quieren hablar de un verdadero cambio. Al fin y al cabo, si se tratase de ser como los americanos, o como los ingleses que están más cerca, también tendríamos:

---

65 Obviamente la gente no cambia de estado constantemente en EE. UU. pero teniendo en cuenta el tamaño del país, su facilidad para cambiar de un estado a otro dentro de la Unión es comparable

- Dación de pago.
- Menos impuestos.
- Más facilidad para crear empresas.
- Más facilidades para vivir en otra ciudad.
- Una legislación de pensiones y empleo simplificada que incluya cualquier tipo de actividad económica.

Así podríamos en cierta medida defendernos de un mundo en el que no es posible para todos tener trabajos a largo plazo y en el que en el fondo solo nosotros nos podemos sacar las castañas del fuego. De ahí que la política tradicional española de no apoyar la migración y poner trabas burocráticas a los cambios de domicilio (cualquiera que se haya mudado de una Comunidad Autonómica a otra puede atestiguarlo) sea suicida.

En un mundo liberal, la única forma de evitar el desempleo son las piernas. Cuando en las películas de los EE.UU. cogen el coche y el camión de mudanza y recorren kilómetros en busca de trabajo, no lo hacen porque sí. España ha tratado de ser liberal de fachada y sufre las consecuencias y los gastos absurdos que genera. En las elecciones de 2015 el candidato popular Mariano Rajoy prometía subvenciones a los contratos fijos tras todos los años de reformas liberales, ¿qué sentido tiene eso? Al final nos quedamos con lo peor de ambos mundos en lugar de con lo mejor.

Entre medias hemos visto la tragedia de Podemos, que tratando de recuperar el espíritu del 15M y de emplear medidas que en el fondo no eran demasiado originales porque consistían en lo que se estaba debatiendo en todas las universidades del mundo (hablaremos después de algunas de ellas) ha sido atacado por activa y por pasiva hasta que no ha podido mantener su espíritu original.

Desde entonces ha caído el gobierno del poderoso PP sin que el gobierno más progresista de la historia de PSOE y Unidas Podemos ofrezca promesas políticas que pasen de ser una mezcla de estos viejos valores, al menos en el terreno económico, aunque al menos han intentado paliar los problemas.

Pero claro, aquí parece que animamos a copia a cualquier otro país y hacer las cosas como ellos. ¿Tenemos que ser como los americanos o los ingleses o los suecos? Por supuesto que no, podemos ser lo que queramos, pero tenemos que dejar de ser españoles del año 2000, españoles de la burbuja inmobiliaria, para escoger un modelo diferente y sobre todo un modelo con sentido y coherencia. De otra forma nos ocurrirá como a los japoneses: una sociedad dividida y sin esperanza, una deuda impagable y un modelo de trabajo y pensiones de los que nadie sabe cómo librarse. El fantasma de la deflación ha desaparecido, aunque eso no quiere decir que sepamos qué hacer con la tremenda inflación actual... Por no hablar de una tasa de suicidio que nunca ha llegado a los niveles precrisis, algo que en España debería preocuparnos y mucho. En España el número de suicidios ha crecido un 20 % desde el inicio de la crisis. Y al menos en Japón tienen la capacidad de buscar soluciones poco ortodoxas a estos problemas (aunque no la hayan utilizado), cosa que a nosotros nos está vedado debido a nuestra sumisión a la UE.

Abandonemos los tópicos

Toca volver a los inicios, sentarse, y poner las cosas en orden usando la cabeza. Hay que dejar de mirar al dinero y empezar a mirar a los recursos y a las consecuencias de cómo los usamos, olvidando sectas y falsos clichés. Es curioso ver en ciertos debates, en la calle, en tertulias televisivas, la discusión de ciertas ideas y reformas que resultan calificadas de inmediato como hippies, perroflautistas, comunistas o simplemente absurdas por parte de un sector de la prensa. Vamos a dedicar un poco de espacio, ya cercanos al cierre de esta obra, a establecer cuánto de sentido común y cuánto de hippie hay en algunas ideas generalmente denostadas:

Toda la fruta y verdura que no tiene una forma regular y acaba en la basura al no llegar al supermercado debería ser empleada en algo útil.

La pregunta confuciana sobre esta medida hippie es: ¿Qué hay menos hippie que montar una empresa y ganar mucho dinero? Aunque esta es una medida que puede apoyar cualquier partido ecologista, lo cierto es que no es más que sentido común. Por una vez podemos hablar bien de Japón y explicar un modelo de negocio de éxito: la caja Bentou.

La caja Bentou es una manera tradicional de comprar comida para llevar. Se utiliza por los escolares, trabajadores, o para los viajes en tren, pero, dado su coste, dejaron casi de venderse antes de la Guerra, hasta que alguien tuvo una brillante idea: utilizar ingredientes no regulares que eran mucho más baratos y no se aprovechaban.

186

Hablamos de esas frutas que no son redondas, de esas manzanas que no parecen lustrosas pero que son de la misma calidad que las del supermercado. Al comprarse troceadas y procesadas en la caja de Bentou, el consumidor no percibe esas imperfecciones que en España las condenan a la basura. Este modelo de negocio, que mueve millones de cajas de comida al año en Japón, se está importando ya a otros países como EE.UU.

Al fin y al cabo es simple sentido común y quienes tengan abuelos que hayan vivido la guerra lo tendrán grabado a fuego: no hay que tirar comida. Por desgracia en España actualmente 7,7 millones de toneladas de alimentos acaban en la basura por no consumirse antes de su fecha recomendada o no pasar los estrictos procesos de selección de aspecto y tamaño. En Japón son 18 millones de toneladas a pesar de casi triplicar la población. El gobierno mantiene campañas regulares contra el derroche de comida[66].

Hay que reducir la producción y consumo de carne o no habrá suficiente comida en el mundo para todos.

Esta vez la pregunta es: ¿Qué tiene de hippie Winston Churchill? Pongamos esta idea en su contexto. La idea es simple aunque difícil de entender. Consumir carne es menos eficiente en términos de suelo y agua que consumir verdura, cereales, plantas en definitiva. ¿Por qué? Por la simple pérdida de energía en el proceso. Si comemos un conejo de un año de edad, no

---

66 Desde que se escribió este ensayo han surgido diversas iniciativas al respecto, como la aplicación TooGoodtoGo, que permite comprar comida que tiendas y restaurantes no han conseguido vender.

solo no nos comemos toda la comida que ese conejo ha comido durante un año, sino que ni siquiera nos comemos todo el conejo, ya que hay diversas partes que no podemos digerir.

Para poder comer conejos durante un año, necesitaríamos al menos un centenar de conejos con su correspondiente espacio para que vivieran, si comiéramos directamente lo mismo que ellos (o si mezcláramos el conejo con verduras) no necesitaríamos tanto suelo y agua[67] para comer durante la misma cantidad de tiempo. En el mundo global en el que estamos, esto solo quiere decir que cuánta más carne consumamos, menos cantidad de población podrá alimentarse, ya que la cantidad de tierra cultivable es limitada.

¿No se ha entendido? Probemos con un ejemplo más *gore*. Supongamos que el protagonista de *American Psycho* ha decidido ser caníbal todos los días y dedicarse a comer vegetarianos. Es un caníbaliano. Como está así de loco, nos lo cuenta y no solo eso, nos dice que todos deberíamos ser caníbalianos, pues es la mejor dieta del mundo. ¿Qué le podríamos contestar? Pues simplemente que no es sostenible, si hay que alimentar y cuidar a una persona 20 años para comer una semana, sería más barato comer lo mismo que esa persona durante 20 años.

Pero volvamos con Winston Churchill: Allá por los años 40, con el Reino Unido asediado por los submarinos alemanes, los ingleses hicieron cuentas. Inglaterra estaba aislada, la población necesitaba comer y no

---

67 Mención al agua realizada por el economista David Pérez Gustavo durante su revisión del original. Como bien me dijo en su comentario, en España sobra mucha menos agua que suelo.

solo eso, los soldados también. Calcularon la dieta de un civil y de un soldado en combate y vieron que en breve el país se moriría de hambre. ¿Cuál fue la solución? Reducir la producción de carne para producir un mayor número de calorías por metro cuadrado[68]. Así pudieron sobrevivir hasta que en 1943 rompieron definitivamente el bloqueo alemán[69].

En lugar de proteger a los bancos, habría sido mejor rescatar a los ciudadanos.

Esta vez no vamos a decir que sea cosa de Churchill o de algún otro gran estadista, pero resulta curioso que fuera de ciertos círculos cuando se plantea esto se suele decir: «¿tú pagas tu alquiler?, yo también» o «si firmas algo has de sufrir las consecuencias». Lo curioso de ese pensamiento es que no se ha aplicado a los bancos, pues se les ha rescatado. No solo eso, no se dan cuenta de que habría sido más beneficioso para todos, rescatados, desahuciados, simples pagadores de impuestos y gobierno. ¿Cómo? Se preguntarán algunos. Hagamos cuentas:

A fecha de 2015 el estado había empleado la friolera de 53.553 millones de euros en el rescate a la banca[70], mientras que la media de las hipotecas suscritas en

---

68 Para más información ver Alan S. Milward, *Historia Económica del siglo XX, La Segunda Guerra Mundial*, 1939 – 1945, Ed. Crítica

69 De hecho el señor Winston Churchill tiene más de genocida que de hippie, porque una vez deshecho el bloqueo, trajo comida de la India provocando una hambruna que se dejaría 3 millones de vidas, a sabiendas del coste en vidas.

70 *El Estado sólo recupera el 4,9% del coste del rescate bancario*, Economía digital, 4 de mayo de 2015

2007 fue de 147.332€[71], por lo que habría sido factible
pagar todas las hipotecas impagadas: Según la PAH se
han realizado 171.110 desahucios de viviendas desde
la crisis hasta 2012, según el gobierno 198.116 hasta
2013.

Por desgracia, ese dinero prestado a la banca no
solo no genera intereses, sino que como comentába-
mos más atrás en este libro, se ha dado casi a pérdida,
en algunos casos vendiendo bancos por sumas irrisorias (como en el caso de Catalunya Bank con una
pérdida de 11.839 millones).

Para colmo, este dispendio no les ha servido a los
bancos para salir de su mala situación, algo que ya hemos explicado. Debido a su debilidad y la necesidad
de garantizar sus ingresos, no solo no han aumentado
el crédito con este capital, sino que fundamentalmente
se ha dedicado a comprar bonos del estado.

Haber asegurado las hipotecas de los españoles
desahuciados habría costado entre 20 mil y 25 mil millones, la mitad de lo ofrecido a la banca. Con una serie
de claras ventajas:

- Para la banca, ejecutar una hipoteca empeora
  sus cuentas reales (que no las que publica). ¿Por
  qué? Si al subastar la vivienda no recupera el
  dinero, pasa a acabar con todos los bienes de
  los propietarios y de los avalistas. Si esto no es
  suficiente, ese dinero quedará en sus cuentas
  como una posible pérdida (al no haber dación
  de pago los desahuciados siguen manteniendo

71 *Evolución de las hipotecas suscritas en España desde 2007,* Credi-
market, 27 de diciembre de 2013

la deuda, si bien su pago es dudoso). Le resultaba mucho mejor librarse de ellas por su precio de hipoteca.

- El estado podría haber dado alquileres sociales, condonaciones de deuda, haber alargado los plazos, o en último término permitir una dación de pago y realquilar esas viviendas. De haberse tomado esta última opción para todas las viviendas desahuciadas, con un coste de la mitad del rescate bancario se estarían generando ingresos y reducido gastos en medidas de apoyo a la vivienda joven y social; o lo que es lo mismo, se ahorraría dinero de los contribuyentes.

- Habría disminuido el malestar social, que siempre es bueno para todos y especialmente en una sociedad española que en su conjunto pasaba por un pésimo periodo anímico.

¿Por qué no se hizo? Por un lado hacía falta admitir el desastre en el que estábamos inmersos. Por otro habría que superar la visión individualista en la que estamos sometidos, en la que, curiosamente, no está bien ayudar a los demás, salvo cuando lo está, obligados por las circunstancias.

La renta básica universal.

Una de las posibles medidas de las que más se ha hablado en los últimos años es la renta básica universal. Una medida de la que se ha hablado mucho, no sin cierta polémica, con numerosos detractores y apoyos por igual. Para unos, la renta básica universal es una amenaza comunista, para otros una manera de apoyar la transición a un mundo en el que la automatización reduce drásticamente la necesidad de trabajo humano, incluso algunos anarcocapitalistas lo ven como una alternativa al estado de bienestar actual. Financiarla implicaría eliminar toda ayuda que no sea la renta básica, y crear algún tipo de sistema bisagra para los pensionistas, pero no es para nada una opción imposible. Hay libros muchos mejores que este para defender la renta básica, pero baste decir que uno de los defensores de una renta básica garantizada fue el mismo Richard Nixon en su etapa como presidente de los EE. UU.[72][73]. Y es cuestionable que Richard Nixon se considerara a sí mismo comunista. Los experimentos realizados al respecto dieron muy buenos resultados y más experimentos sociales del estilo se están realizando hoy en día. Solo hay una pequeña trampa, la renta básica no es una medida que estimule el empleo. Si viviéramos en un mundo en el que el simple hecho de querer trabajar asegurase el trabajo, la renta básica no tendría tanto sentido.

Hay que proteger a las abejas, y demás polinizadores al precio que sea.

Esto implica detener la producción de todo lo que parece que está matando a las abejas hasta que lo conozcamos mejor. Se perdería mucho dinero, claro, y puestos de trabajo, claro. Pero ahí viene la pregunta: ¿de qué te sirve tener trabajo y dinero si te quitan el

---

72 Rutger Bregman, Nixon's Basic income plan, 2016

73 De un total de 1600 $ anuales, el equivalente a 10 000 $ de 2016. La propuesta fue rechazada varias veces en el Senado por no considerarse suficiente o por erróneamente pensar que el número de divorcios aumentaría.

76 % de la comida? Porque esa es la cantidad que se calcula que se perdería si los polinizadores se extinguen. Aunque esa cifra fuese exagerada (que no lo es) es de simple sentido común que es más importante comer que tener dinero: Los muertos no pueden gastar.

Estas son solo algunas de las decenas de ideas poco ortodoxas que aplicar a nuestra economía que y en muchos casos son tachadas de naïf o estrambóticas, pero no solo están perfectamente planteadas en el debate actual, sino que bien explicadas podrían incluso suscitar grandes consensos. Sin embargo, parece que los medios de comunicación, la patronal y algunos partidos políticos, están empeñados en resucitar el ladrillo, tal vez porque es lo único que conocen. Solo así se explica la propuesta de la APCE en su momento de demoler casas para reactivar el sector inmobiliario[74] o la tremenda caída de baba que tuvieron algunos políticos con la posible llegada del macroproyecto de Euro-Vegas, una idea tan descabellada que hasta fue el tema central de una de las películas de Torrente.

Lo que defendemos es que no tiene importancia ser de derechas o izquierdas, ecologista o no, hay que volver al sentido común, hay que dejar de mirar cifras que no estamos seguros de lo que representan y volver a trabajar con la realidad. Y, sobre todo, que la economía está para servir a las personas, no las personas a la economía. Y sí, sabemos que hemos dejado de lado el cambio climático, pero eso llevaría mucho más que unos pocos párrafos...

---

74 *Demoler casas, la solución de la patronal de promotores para reactivar el sector inmobiliario*, El español, 6 de diciembre de 2016

Capítulo 19: La conclusión no es más que catastrofismo, ni España es Japón ni las circunstancias son las mismas tras la crisis. ¿O sí?

Año 2005, en alguna parte de China un hombre está a punto de ganar mucho dinero. Bueno, no ahora, pero en unos años. Su nombre es Guchun. El país no deja de crecer y crecer y en todo el mundo se habla del "siglo de China". Con el paso al capitalismo y las enormes facilidades de acceso al crédito para comprar vivienda, los precios de las casas se han disparado. La supuesta aversión tradicional de los chinos a la deuda es cosa del pasado.

Ya no es posible comprar un piso en 5 años como hicieron sus padres, pero no importa. Si compra antes de que sea demasiado tarde, el joven Guchun podrá aprovechar la subida de precios y sacar una buena tajada. Si se esfuerza y ahorra incluso podría comprarse una segunda casa y pagar la hipoteca alquilando esta. Con una tasa del crecimiento del 7 % en todo el país, ¿qué podría fallar?

Año 2017, en alguna parte de Frankfurt, Alemania, un hombre está a punto de ganar mucho dinero. Hans, promotor inmobiliario, ha visto como con las crisis los intereses bajaban y el mundo entero apostaba por la solidez alemana invirtiendo en ella sus ahorros. Todos los grandes banqueros huyen de Londres con la amenaza del Brexit. Hay que aprovechar la oportunidad, que es de oro, e invertir en algo sólido. ¿Y qué hay más sólido que un edificio? Al fin y al cabo, los precios están subiendo y aunque Alemania fue afectada por la crisis, la buena de Ángela Merkel hizo pagar a los despilfarradores del sur. Son ya muchos años de subidas récord de la vivienda encadenadas, y el crecimiento constante de la población gracias a la inmigración garantiza que ninguna se quedará vacía. ¿Qué podría fallar?

Año 2013, en alguna parte del Reino Unido, una pareja está a punto de comprarse una casa a medias con el estado…

Por si no se ha notado, la mayor diferencia entre España y Japón en los periodos descritos es que Japón era un país puntero que pudo pagarse su propio rescate, mientras que España nunca lo ha sido y el rescate solo ha aumentado su deuda.

Esa es la razón por la que en España se encontró en tan solo 8 años el mismo desastre que Japón ha vivido en 15. Ahora bien, una de las razones de que Japón no se haya recuperado es que cuando por fin Koizumi terminó con sus reformas, el mundo había cambiado, se iba al garete con la crisis económica de los *subprime*, sin olvidar el tsunami. Hoy su debilidad hace que el simple aumento de dos puntos del IVA provocase una recesión del 1,6 % frente a previsiones de crecimiento del 2,2 en 2014.

Y esta vez no va a ser diferente, al menos en el terreno económico. Porque lo cierto es que en China también han apostado por el ladrillo, con la diferencia de que en China hay casi 2 000 millones de personas y no han construido barrios vacíos, han hecho ciudades. Las consecuencias podrían ser tan catastróficas que puede que tengamos que hacer una segunda parte de este libro llamada: *China kamikaze*. Ya la cosa pintaba mal en la crisis griega de julio de 2015, cuando los periódicos anunciaban la catástrofe en las bolsas que los griegos habían producido. Lo que no se fijaron estos periódicos fue en dos cosas: la bolsa de China cayó sola en julio nada menos que un 26 % en 2 semanas; y el euro apenas cayó con respecto a la libra durante la crisis.

Si los periodistas hubiesen hecho un mínimo de análisis, se habrían dado cuenta de que el problema no era Grecia, sino China. El año 2016 parecía el año del fin del mundo, no ocurrió nada (o casi) pero pocos hicieron caso del aviso. El mundo trataba de superar el período de la crisis cada uno a su manera. Tratando de pasar página pero sin proclamar nada nuevo. De alguna forma inconsciente tras el fracaso de la acusación a los gobiernos corruptos y bancos, se ha buscado a la modernidad como culpable y así han triunfado extraños modelos seminuevos, como Trump o el Brexit; mientras en España los precios de las casas volvían a subir sin que hubiese espectaculares crecimientos de empleos o salarios y la crispación política llevaba a enfrentamientos con el independentismo catalán y el ascenso de Vox. Tal es la situación, que incluso algunos economistas, como Robert J. Shiller, avisaban de la existencia de una burbuja de bonos del estado por ser considerados activos seguros. Los bonos alemanes se vendían a precios carísimos, a pesar de tener intereses negativos. Entretanto el proceso imparable de globalización traía consigo la financialización de los mercados inmobiliarios. Un problema tan acuciante que la propia ONU ha avisado sobre las consecuencias de la tremenda especulación en vivienda[75] que se está realizando a nivel internacional, llegando a un punto en el que las viviendas en los centros de las ciudades más importantes del mundo tienen precios tremendamente similares. Aquí tenemos una segunda diferencia con Japón. En Japón los precios de la vivienda nunca se recuperaron y es que ni siquiera los bajísimos tipos de interés devolvieron la rentabilidad a la vivienda, mientras que España era víctima de la financialización animada por fondos buitres, turismo, nómadas digitales y la eterna visión de la vivienda como un activo seguro. En este año de elecciones, 2023, los partidos vuelven a ofrecer las mismas fórmulas que hace casi 20 años según sus ideologías. Para unos construir más aumentando la oferta (idea que ya fracasó en España como ya hemos visto), otros mejorar el acceso al crédito (idea que ya fracasó en varios países anglosajones); cuando se trata de reducir la única razón por la que se especula con vivienda: su rentabilidad relativa a otros activos seguros. Ha hecho mucho más por contener los precios la subida de los tipos de interés del último año que cualquier medida política, igual que solo una mejora en los salarios reales puede ayudar a comprar una vivienda a aquellos trabajadores incapaces de ahorrar cuando viven con lo justo.

Porque, aunque durante dos años, 2017 y 2018, parecía que todo había quedado atrás y los noticiarios

---

75 *Financialization of housing, Special Rapporteur on the right to adequate housing*, Oficina del Alto Comisionado de las Naciones Unidas para los Derechos Humanos,

querían dar la crisis por superada; el mundo actual es un mundo cargado de incertidumbre, en el que se ha instaurado el sálvese el que pueda. Los datos parecen indicar un retorno a tiempos mejores, pero no toda la población está de acuerdo al ver como la cesta de la compra y los alquileres cada vez son más caros mientras los salarios no consiguen subir. Además, los ciclos económicos no engañan: después de uno positivo, siempre hay uno negativo. Puede que la próxima crisis no tenga para nada que ver con burbujas especulativas, puede ser una crisis de oferta o de cualquier otra cosa. Lo importante es que nuestras economías siguen lamiéndose las heridas a pesar de los años de crecimiento. Si a todo esto le añadimos la incertidumbre traída por la política a base de tuits de Donald Trump, ya tenemos el caldo de cultivo necesario para que la famosa recuperación no se vaya a dar lugar de manera completa en nuestro país. Al menos, no con las políticas habituales.

Pero claro, todo esto era antes de la pandemia, y de la guerra de Ucrania y de...

Epílogo: ¿Pero quién es el culpable?

En el año 2005, uno de los autores tenía que hacer una exposición en clase de japonés sobre cualquier tema relacionado con Japón. Como no se le ocurría sobre qué hablar lo hizo sobre la *baburu* o burbuja japonesa de la que tanto hemos hablado. Curiosamente la primera pregunta que se hizo al terminar la exposición fue: «¿Entonces la culpa fue de los americanos por subir el yen, no?».

En el año 2012, al presentar en la universidad una tesina con la misma base que esta obra, una de las amistades del mismo autor le dijo: «me gusta, pero parece que le echas la culpa a los inmigrantes de la crisis». Está en nuestra naturaleza buscar un culpable y no solo eso, hacerlo rápido e implacablemente. A lo largo de estos últimos años hemos oído lo mismo muchas veces según quién hablase:

- La culpa es de los inmigrantes (por venir y aumentar la demanda o por quedarse con "nuestros" trabajos).
- La culpa es de los bancos que son unos estafadores.
- La culpa es de los ciudadanos que vivieron por encima de sus posibilidades.
- La culpa es de los políticos corruptos.
- La culpa es de los funcionarios, sobran.

Buscar un único culpable para un problema tan complejo es descargarnos de nuestra parte de implicación en la sociedad y olvidar la otra cara de la moneda. A los inmigrantes los contrataban españoles, nadie obligaba a punta de pistola a los futuros desahuciados a comprarse casas, los ciudadanos vivieron y gastaron según lo que se pensaba en el momento que podían hacer... Y sí, los políticos corruptos lo han fastidiado todo, pero ¿acaso no les pusimos nosotros ahí y, unos más que otros, seguido votando?

No hay un dios malvado de la economía, un Darth Vader que desea destruir mercados. Hay aprovechados, hay especuladores, pero la marcha de un país es la suma de todas las acciones individuales. Por tanto todos fuimos culpables. Entre ellos los que escriben este libro, por no ser capaces de hacer comprender lo que se venía encima. Todos pusimos nuestro grano de arena para crear el desastre.

Y sin embargo no todos son responsables, o así lo creemos nosotros. Volviendo a la historia de Pepito, ¿cómo va a ser más responsable Pepito que el director del banco? Pepito no ha estudiado economía, no sabe lo que es una burbuja. Toma una mala decisión desde luego, pero de no ser por las ayudas del gobierno, el banco también cavaría su propia tumba al prestarle. ¿Quién es el responsable?

Si los directores de banco no saben lo que hacen, sus empresas deberían hundirse, si los dirigentes del estado no saben lo que hacen, deberían dejar de ser votados. Ellos deberían tener los conocimientos y consejeros necesarios, porque para eso les pagan. Pero claro, si ellos se equivocan, con sus conocimientos y asesores, ¿quién puede detenerlos?

Ahí solo queda el sentido común colectivo, que requiere de más ciudadanos responsables. El granito de arena que queremos aportar los autores es esta comparación histórica. Una simplificación de la que nos hemos saltado, a sabiendas, numerosos actos de corrupción, especulación por parte de bancos extranjeros, bancos estafando a sus clientes, una Unión Europea en contra de sus ciudadanos más débiles y un larguísimo etcétera, pero que esperamos que haya conseguido explicar el proceso general que llevó al desastre. Seamos un poco más conscientes de las consecuencias colectivas de nuestros actos y evitaremos desastres mayores.

Barcelona/Tokio, marzo de 2023.

Apéndice: La crisis del coronavirus

Para el año 2020, la situación cambiaría dramáticamente. Los mismos mecanismos psicológicos que hacen que no estemos preparados para afrontar la mayoría de las cosas, incluidas las burbujas, han hecho un trabajo devastador en Occidente y concretamente en España[76]. Esos sesgos son tan importantes que las personas que se referían a ellos en febrero de 2020 pretendían utilizarlos para restar importancia a la pandemia del coronavirus, cuando la realidad nos demostraría que estaban totalmente equivocados[77].

Sin duda, la probabilidad aparentemente tan baja de mortalidad, la falsa lejanía del virus en enero y la falsa

---

76 Estos mecanismos son demasiado largos para ser explicados aquí, pero han sido descritos por la economía del comportamiento. Requeriría un libro entero hablar de los entresijos de estas ideas. Una buena introducción para los que no sepan nada del tema es el libro *Deshaciendo errores: Kahneman, Tversky y la amistad que nos enseñó cómo funciona la mente* de Michael Lewis, Debate, 2017.

77 *El sesgo cognitivo que crea el pánico a coronavirus*, Opinión, Cinco Días, febrero de 2020.

identificación con la gripe actual no han ayudado en absoluto.

Nos cuesta mucho entender las consecuencias de las probabilidades. A principios de marzo de 2020, cuando el Covid-19 ya era una amenaza muy real en Europa, todavía había muchas personas que creían que no iba a pasar nada. Por aquel entonces pensábamos que la tasa de mortalidad era del 2 % (por suerte parece que es inferior). Parece un número pequeño, pero cuando piensas en el volumen de infectados, no lo es. Pongamos una persona de unos 37-40 años con un grupo de WhatsApp que cualquiera pudiera tener con amigos del instituto y sus parejas. En el grupo hay un total de 7 personas. Contando hijos, padres, hermanos, primos, tíos y amigos del alma, fácilmente tendrán muchísima estima entre todos a unas 140 personas (una media de 20 personas cada uno). Si no se hubiese hecho absolutamente nada y se hubiese contagiado todo el país de golpe, se habrían perdido 2,8 personas queridas solo en ese grupo de WhatsApp. Y puede que alguna de esas personas fuese directamente un miembro del grupo. Si aplicamos esos números a todo el país y pensamos en las consecuencias… Lo vimos en directo: hospitales atestados sin capacidad de salvar a personas que eran salvables, con numerosos hospitales habiendo colapsado al mismo tiempo en todo el país.

La decisión del gobierno de aplicar el confinamiento fue tardía, pero justa y necesaria. Los mismos sesgos hicieron reaccionar tarde a Italia, Reino Unido, EE. UU., Francia y… quién sabe si Japón, que tomó medidas muy pronto pero no profundizó en ellas hasta bastante más tarde. Sigue sin ser excusa, porque no todos estamos dominados por estos sesgos al 100 % y hubo expertos en todo tipo de cargos que veían claramente venir el problema.

De momento pensemos que el confinamiento era justificable, pero el resto de las decisiones del gobierno tomadas durante aquellos meses iniciales de la crisis no lo fueron tanto, sobre todo las económicas. Es difícil hacer una descripción completa de las mismas y de sus posibles consecuencias cuando cambiaban semana tras semana, pero si nos centramos en la idea inicial a mediados de marzo, se podían resumir en los siguientes grandes bloques[78]:

- Préstamos y avales para empresas para aguantar el tirón.
- Facilidades para ERTES y permisos recuperables para que las empresas no despidan trabajadores, sino que los "aparquen" en espera de la recuperación de la normalidad.
- Pequeñas subvenciones a los autónomos.
- Moratorias de hipotecas y desahucios.
- Buscar el apoyo de la UE para financiar todo lo anterior y crear un plan de reconstrucción.

Estas medidas son complejas; aunque en teoría mueven muchos millones de euros, se han hecho deprisa y tenían casi todas el mismo problema que la gestión de la anterior crisis financiera: una apreciación equivocada de la sociedad española actual y de la dinámica inherente a la pandemia y el confinamiento. Es-

---

78 *Estas son las principales medidas aprobadas por el Gobierno para sostener la economía*, El País, marzo de 2020

tas ayudas dejaban en el limbo a miles de autónomos, empresas pequeñas y medianas, trabajadores temporales, profesionales de la limpieza, temporeros, trabajadoras sexuales, mariscadoras, personas sin techo, trabajadores que justo acababan de encontrar trabajo y ni siquiera llegaron a recibir el contrato…

Si la sociedad española estuviese compuesta en un 90 % por personas con trabajo fijo que están pagando su hipoteca, como de alguna forma ha quedado en el imaginario colectivo (sobre todo en el de los políticos), estas medidas podrían haber sido eficaces, pero ni España es así, ni lo ha sido nunca, ni se acerca siquiera a ello desde la crisis de 2008. Por no hablar del inmenso lío burocrático-administrativo que generaron estas medidas: muchas empresas no sabían cómo ni cuándo podrían acceder a estos préstamos o incluso si les iban a aprobar los famosos Expedientes de Regulación Temporal de Empleo. La enorme cantidad de personas que se quedaron fuera de estas ayudas obligaron al gobierno a aumentar el número de personas que técnicamente podían ser beneficiarias semana tras semana y, finalmente, a aprobar un Ingreso Mínimo Vital que, polémicas de "paguita" aparte, no ha cubierto a la población más vulnerable por simples trabas burocráticas[79] y para colmo la ha dejado indefensa ante la burocracia cada vez que se realiza una actualización.

Por otro lado, el gobierno realizó una asunción demasiado pedestre con sus medidas: se trataba de ca-

---

[79] *Los directores de servicios sociales tildan de "desastre" la gestión del ingreso mínimo: UGT denuncia que no lo está cobrando nadie*, El economista, 19 de agosto de 2020.

pear el temporal. Se asumió que cuando se vuelva a la normalidad volverían a abrir los bares; las empresas, que se habían mantenido con los préstamos, volverín a emplear a sus trabajadores, y todo sería cómo antes. Algunas estimaciones de abril de 2020, por suerte equivocadas, consideraban que la caída del PIB sería superior al 40 % solo en España. Por suerte, la caída fue "solo" del 22,1 % interanual[80]... Y la recuperación de toda la actividad económica tardó unos años.

Al fin y al cabo estamos hablando de un país con un inmenso sector turístico, que en el año 2018 suponía el 15 % del PIB[81]. Sector que no se podía recuperar hasta que se mitigara la pandemia a nivel global.

De haberse implementado bien, Donald Trump habría acertado con su idea de entregar dinero directamente a todos los americanos. Casi una renta básica universal de emergencia. Pero las limitaciones que se impusieron a la misma dejaron a muchos de los desfavorecidos sin acceso a las ayudas (si por ejemplo no se había hecho la declaración de la renta en los últimos 3 años).

Porque, una vez más, el gran problema es que el país quede dividido en dos estratos. Si hablamos solo de la clase trabajadora, esta vez la clase privilegiada estaba compuesta por aquellos que pudieron teletrabajar durante el confinamiento o mantuvieron el empleo tras el mismo. Por el contrario, aquellos que vieron sus ingresos reducidos o que se encuentren con que no

---

80 *España entra en recesión tras registrar un desplome histórico del PIB del 18,5 % en el segundo trimestre*, rtve.es, julio de 2020

81 *El turismo ya aporta al PIB español tres veces más que la automoción*, Cinco Días, agosto de 2019

tienen empresas a las que volver a trabajar las habrán pasado moradas. Si el grupo "favorecido" no se da cuenta de la situación del desfavorecido y no deja de exigir la misma idea de sociedad que en 2007, España va a ser un país con serios problemas sociales y de desigualdad.

Sobre todo teniendo en cuenta que la UE ha decidido, una vez más, ser tibia a la hora de prestar sus ayudas.

Y eso solo teniendo en cuenta los dos estratos económicos. Porque hay factores psicológicos importantes a considerar. En julio de 2020 se calculaba que "solo" el 5,2 % de la población española había sido infectada por el coronavirus[82] con regiones que apenas habían tenido infectados durante la primera ola de la pandemia. Esto quiere decir que hay una gran parte de la población española que no conoció del coronavirus más que las restricciones que ha traído consigo (de ahí también la existencia de tanto negacionista), por lo que también va a haber dos estratos a nivel psicológico, con una parte de la población muy afectada sin tener apoyo informal o formal por parte del resto del país. Este problema va a ser especialmente grave en el caso de los sanitarios, personal funerario y otros trabajadores que se vieron desbordados por la pandemia y que, más allá de los aplausos diarios, apenas recibieron ayudas ni psicológicas ni económicas. Por poner un ejemplo claro y una referencia cultural, un médico de UCI de Madrid o Ciudad Real tiene más que ver hoy en día con John Rambo en su primera

---

82 *El estudio nacional de seroprevalencia concluye que solo un 5,2% de la población española tiene anticuerpos*, rtve.es, julio de 2020

película, *Acorralado*, que con cualquier médico de la serie *Urgencias*. ¿Por qué? Porque al igual que Rambo, al regresar de una situación terriblemente estresante en la que en teoría estaba ayudando a su país, solo se encuentra incomprensión, abandono y negación. Los mismos políticos que lo llamaban héroe, ahora niegan que haya pasado por un calvario durante meses. No es de extrañar que se hiciera tan popular en Twitter una falsa cita de una película de Stanley Kubrick, *Senderos de gloria*, haciendo referencia a los sanitarios:

"Dejareis de ser héroes cuando la gente no tenga miedo. Dejareis de ser héroes cuando a los políticos les interese. Ahora sois carnes de cañón, por eso os llaman héroes[83]".

No hablamos en este apéndice en profundidad de la gestión de la emergencia sanitaria por una simple razón: sabemos que ha sido mala, que no se han tomado las medidas necesarias para crear una reserva de material sanitario, que los recortes habían dejado un sistema sanitario sin reservas para una emergencia nacional. Pero no es nuestro campo y no vamos a describirla como tal. Esperemos que alguien haga un verdadero recuento de datos y situaciones para darlo a conocer a todos.

Tampoco hablamos de la extraña gestión japonesa, o no gestión, en la que no ha quedado muy claro si superó sin demasiados problemas la primera ola de la pandemia gracias a la escasa actuación del gobierno o simplemente porque la población ya estaba acostum-

---

83 https://twitter.com/jramonfernandez/status/1266809979971031042

brada al empleo de mascarillas y desinfectantes. La mala gestión del caso del crucero Diamond Princess en febrero de 2020, con cientos de infectados, sugiere más bien lo segundo. Con miedo a una segunda ola, al igual que en España, y una caída del PIB del 27,8 % interanual en 2020 en parte por las inmensas inversiones realizadas en unas olimpiadas que no tuvieron lugar hasta el año siguiente.

Ahora bien, el verdadero reto, y es hora de que lo afrontemos, es saber ver más allá. La pandemia acabará algún día. La crisis posterior también. Y vendrá otro problema, el que sea, que nos cogerá desprevenidos y que no sabremos cómo resolver. Al menos la mayoría. Los autores no somos *capitanes a posteriori* de la crisis del coronavirus: vimos venir la burbuja inmobiliaria (y solo la española), pero no esta pandemia. Sin embargo, sí hubo gente que vio venir el desastre epidemiológico o se preparó a tiempo una vez que vio las orejas al lobo en China. Hablamos de Corea, Taiwán, Singapur, hijos de inmigrantes asiáticos que trataban de avisar de lo que se nos venía encima. Así que la verdadera pregunta es: ¿cómo superar el maldito sesgo?

Porque que no se equivoque nadie, no hay más que ver las declaraciones de todos los políticos hasta para saber que ningún partido político habría llevado la crisis de la pandemia mejor. Ni PP ni Vox ni Ciudadanos estaban tratando de decirle al gobierno que hiciese algo de verdad: todavía estaban demasiado centrados en sus batallas políticas, en Cataluña, en Venezuela, en el Mobile World Congress...

Claramente todo el sistema ha fracasado a nivel político, no importa qué culpables busquemos. No ha sido una cuestión de ideología. Nuestros sesgos incluyen echarles la culpa a unos u otros, pero no tiene importancia. Aquí se trata de pensar en el futuro. Porque los desastres siguen continuando. Para 2022 comenzaba la guerra de Ucrania, comenzando una tremenda subida de los costes energéticos y de la inflación, inflación que, con el manual en la mano, los Bancos Centrales han tratado de sortear a base de subir los tipos de interés sin tener demasiado éxito de momento...

Así que la auténtica pregunta es cómo sortear el sesgo ideológico para que el próximo desastre no nos pille con una mano delante y otra detrás. Para que, sin importar qué gobierno haya, siempre se hagan las cosas bien. Va siendo hora de que recopilemos todos esos conocimientos, que ya existen, y los aprovechemos.

Bibliografía

Joseph Stiglitz, Needed: a new economic paradigm, Financial Times 19 Agosto 2010, edición electrónica

Paul Krugman, How much of the world is in a liquidity trap, New York Times, 17 Marzo 2010, edición electrónica

Irving Fisher, The debt deflation theory of big depressions, Econometrica: Journal of the Econometric Society, 1933

Narayana Kocherlakota, Exploding Bubbles in a Macroeconomic Model, FRB-Minneapolis, University of Minnesota NBER, October 23, 2008

Shigeto Tsuru: El capitalismo japonés algo más que una derrota creativa. Ediciones Akal 1999.

Krugman, R. P. (1998). It's baaack: Japan's slump and the return of the liquidity trap, Brookings Pap. Econ. Act. 2, 137–205.

Antonio Torrero Mañas, La crisis de la Economía española, Instituto Universitario de análisis económico y social, Universidad de Alcalá, 2008

Pablo Bustelo, El decenio perdido de Japón (1992-2003): ¿qué enseñanzas para la crisis actual?, Real Instituto Elcano, 01/04/2009

Blanchard, O. (2000): Macroeconomía, 2ª ed., Prentice Hall

Depression Economics, entrevista a Paul Krugman para Newsweek, Diciembre de 2008
Gavan Mccormack , Breaking the iron triangle. New Left Review 13, January-February 2002

Robert J. Shiller, Irrational Exhuberance, 2015

Kojima Akira, Deflation in Japan, Disinflation Around the World, Japan Echo, Vol, 29 2002, edición electrónica.

Varios, La Crisis de la Economía Española: Lecciones y Propuestas, FEDEA Sociedad Abierta, 2009

Román Reyes y otros: Diccionario crítico de ciencias sociales, Plaza y Valdés coeditado por la Universidad Autónoma de Madrid, 2009

Á. Estrada y otros: La economía española en la UEM: Los diez primeros años, Banco de España, Documentos Ocasionales Nº 0901 2009

Gonzalo Bernardos Dominguez , Creación y destrucción de la burbuja inmobiliaria en españa, ICE, 2009

Roberto Fernández Llera y Eloy Morán Méndez, Reacciones fiscales de las comunidades autónomas ante una crisis global, rae 2008

HORIUCHI, A., A Bank Crisis in a Bank-centered Financial System. The Japanese Experience since the 1990's. Traducción de Jaime González-Torres.

El sistema financiero español en la época democrática: sus ejes de desarrollo, Revista de Analásis económico, México, vol. XXI

Informe de situación del sector inmobiliario, Ministerio de la vivienda, 2010
Enrique Fuentes Quintana, Tres decenios de la economía española en perspectiva. Del libro España, economía, coord. por José Luis García Delgado, 1988, ISBN 84-239-6271-7 , págs. 1-78

Heinz-Dieter Wenzel, Jörg Lackenbauer and Klaus J. Brösamle, Public Debt and the Future of the European Union's Stability and Growth Pact, Chair of Public Finance, Economics Department, Bamberg University, Germany

The Stability and Growth Pact, Crisis and reform, Ludger Schuknecht, 2011

Del keynesianismo al neoliberalismo: paradigmas cambiantes en economía, Thomas I. Palley

Ian Buruma, La creación de Japón, 1853-1964, Ed. Mondadori

Fîrţescu Bogdan, Measures and instruments used as a response to crises in european union – an overview, Faculty of Economics and Business Administration

(FEAA), Iasi
Fernando Jiménez Sánchez, boom urbanístico y corrupción política en españa

Robin Blackburn, The subprime crisis

The Current State of the Japanese Economy and Remedies, Naoyuki Yoshino, Eisuke Sakakibara

André Carrascal Incera, El plan e como estímulo fiscal. evaluación de la eficiencia a nivel provincial

Luis Ignacio Román Morales, ¿Qué es el ajuste estructural? : la racionalidad e irracionalidad de las políticas de libre mercado

Youcef Ghellab and Konstantinos Papadakis, The politics of economic ad justment in Europe : State unilateralism or social dialogue?

Santiago Cabo Valverde, Reflexiones en torno a la reestructuración del sector bancario

Sofía Borgia Sorrosal, Andrés Delgado Gil, Evolución de las políticas de vivienda en España. Comparativa con la UE-15, Universidad Católica de Ávila, 2009

Presentación del plan de empleo 1998 por el Secretario de Empleo Julio Sanchez Fierro

Informe Comisión Nacional de Competencia sobre la ley del suelo, 2013

Decreto ley regulador del suelo de 1992
Rutger Bregman, Nixon's Basic income plan, 2016

Alan S. Milward, Historia Económica del siglo XX, La Segunda Guerra Mundial, 1939 – 1945, Ed. Crítica

In Japan, Retirees Go On Working, Bloomberg Business, 30 de agosto de 2012

Antoni Bosch, De la quimera inmobiliaria al colapso financiero, 2008

Joseph Stiglitz, Needed: a new economic paradigm, Financial Times 19 Agosto 2010, edición electrónica

Paul Krugman, How much of the world is in a liquidity trap, New York Times, 17 Marzo 2010, edición electrónica

Irving Fisher, The debt deflation theory of big depressions, Econometrica: Journal of the Econometric Society, 1933

Narayana Kocherlakota, Exploding Bubbles in a Macroeconomic Model, FRB-Minneapolis, University of Minnesota NBER, October 23, 2008

Shigeto Tsuru: El capitalismo japonés algo más que una derrota creativa. Ediciones Akal 1999.
Krugman, R. P. (1998). It's baaack: Japan's slump and the return of the liquidity trap, Brookings Pap. Econ. Act. 2, 137–205.

Antonio Torrero Mañas, La crisis de la Economía española, Instituto Universitario de análisis económico y social, Universidad de Alcalá, 2008

Pablo Bustelo, El decenio perdido de Japón (1992-2003): ¿qué enseñanzas para la crisis actual?, Real Instituto Elcano, 01/04/2009

Blanchard, O. (2000): Macroeconomía, 2ª ed., Prentice Hall

Depression Economics, entrevista a Paul Krugman para Newsweek, Diciembre de 2008

Gavan Mccormack , Breaking the iron triangle. New Left Review 13, January-February 2002

Robert J. Shiller, Irrational Exhuberance, 2015

Kojima Akira, Deflation in Japan, Disinflation Around the World, Japan Echo, Vol, 29 2002, edición electrónica.

Varios, La Crisis de la Economía Española: Lecciones y Propuestas, FEDEA Sociedad Abierta, 2009

Román Reyes y otros: Diccionario crítico de ciencias sociales, Plaza y Valdés coeditado por la Universidad Autónoma de Madrid, 2009

Á. Estrada y otros: La economía española en la UEM: Los diez primeros años, Banco de España, Documentos Ocasionales Nº 0901 2009

Gonzalo Bernardos Dominguez , Creación y destrucción de la burbuja inmobiliaria en españa, ICE, 2009

Roberto Fernández Llera y Eloy Morán Méndez, Reacciones fiscales de las comunidades autónomas ante una crisis global, rae 2008

HORIUCHI, A., A Bank Crisis in a Bank-centered Financial System. The Japanese Experience since the 1990's. Traducción de Jaime González-Torres.

El sistema financiero español en la época democrática: sus ejes de desarrollo, Revista de Analásis económico, México, vol. XXI

Informe de situación del sector inmobiliario, Ministerio de la vivienda, 2010

Enrique Fuentes Quintana, Tres decenios de la economía española en perspectiva. Del libro España, economía, coord. por José Luis García Delgado, 1988, ISBN 84-239-6271-7 , págs. 1-78

Heinz-Dieter Wenzel, Jörg Lackenbauer and Klaus J. Brösamle, Public Debt and the Future of the European Union's Stability and Growth Pact, Chair of Public Finance, Economics Department, Bamberg University, Germany

The Stability and Growth Pact, Crisis and reform, Ludger Schuknecht, 2011

Del keynesianismo al neoliberalismo: paradigmas cambiantes en economía, Thomas I. Palley

Ian Buruma, La creación de Japón, 1853-1964, Ed. Mondadori

Fîrţescu Bogdan, Measures and instruments used as a response to crises in european union – an overview, Faculty of Economics and Business Administration (FEAA), Iasi

Fernando Jiménez Sánchez, Boom urbanístico y corrupción política en españa

Robin Blackburn, The subprime crisis

The Current State of the Japanese Economy and Remedies, Naoyuki Yoshino, Eisuke Sakakibara

André Carrascal Incera, El plan e como estímulo fiscal. evaluación de la eficiencia a nivel provincial

Luis Ignacio Román Morales, ¿Qué es el ajuste estructural? : la racionalidad e irracionalidad de las políticas de libre mercado

Youcef Ghellab and Konstantinos Papadakis, The politics of economic ad justment in Europe : State unilateralism or social dialogue?

Santiago Cabo Valverde, Reflexiones en torno a la reestructuración del sector bancario

Sofía Borgia Sorrosal, Andrés Delgado Gil, Evolución de las políticas de vivienda en España. Comparativa con la UE-15, Universidad Católica de Ávila, 2009

Presentación del plan de empleo 1998 por el Secretario de Empleo Julio Sanchez Fierro

Informe Comisión Nacional de Competencia sobre la ley del suelo, 2013

Decreto ley regulador del suelo de 1992

Rutger Bregman, Nixon's Basic income plan, 2016

Alan S. Milward, Historia Económica del siglo XX, La Segunda Guerra Mundial, 1939 – 1945, Ed. Crítica

In Japan, Retirees Go On Working, Bloomberg Business, 30 de agosto de 2012

Antoni Bosch, De la quimera inmobiliaria al colapso financiero, 2008

Imágenes

Cranes Cityscape Silhouette: usuario GDJ en Pixabay

Vaso vacío: usuario Agzam en Pixabay

Moneda: usuario Stux en Pixabay

Oferta y demanda: Andreasmperu, Wikipedia, GNU Free Documentation License, Version 1.2

Fases de una burbuja: Jean-Paul Rodrigue, Wikipedia, libre de copyright

Euribor, Euratom, Wikipedia, Libre de derechos

PIB España, Creative Commons CC0 1.0 Universal Public Domain Dedication, Davius

Evolución del precio de la vivienda, dominio público, Wikipedia, Icalbs

Resto de gráficos: elaboración propia a partir de datos del Banco Mundial

www.ingramcontent.com/pod-product-compliance
Lightning Source LLC
Chambersburg PA
CBHW030431290526
45786CB00001B/242